Michael Leister

30 Gedanken, die Ihr Leben bereichern werden!

30 Gedanken, die Ihr Leben bereichern werden!

Von Michael Leister

Haftungsausschluss:
Die Inhalte dieses Buches wurden sorgfältig und besten Gewissens recherchiert und zusammengetragen. Sie spiegeln die persönliche Meinung und Erfahrung des Autors wider. Der Autor übernimmt daher keine juristische Verantwortung oder Haftung für Schäden, die durch eventuelle Fehler oder nicht kompatible Lebensumstände entstehen. Trotz sorgfältigen Lektorats können Rechtschreib- und/oder Grammatikfehler vorhanden sein.

30 Gedanken, die Ihr Leben bereichern werden!

Von Michael Leister

Auflage 2019

Herausgegeben von: Ata Medien Verlag, Aachen
info@ata-medien.de
www.ata-medien.de

Printed in Germany by Amazon Distribution GmbH, Leipzig

ISBN: 978-1798004234

Inhaltsverzeichnis

Vorwort

Es ist wirklich bemerkenswert, was für einen großen Einfluss unsere Gedanken auf uns haben. Sie entscheiden darüber, ob wir zum Beispiel einen Rückschlag als Niederlage oder als Chance zum Lernen und Wachsen empfinden. Sie beeinflussen uns beim Interpretieren unserer Gefühle und formen unsere allgemeine Lebenseinstellung. Der Psychologe Dr. Joseph Murphy soll einmal gesagt haben, Gedanken seien Wünsche, die wir auf direktem Wege an unser Unterbewusstsein senden. Deshalb sollten wir weise überlegen, was wir uns wünschen. Mit unseren Gedanken können wir sowohl Gutes als auch Schlechtes in unser Leben bringen. In der Praxis bewahrheitet sich das immer wieder: Wer pessimistisch ist, ständig mit anderen streitet und sich fortwährend über sein Leben beschwert, ist unglücklich und einsam. Wer hingegen optimistisch ist und stets versucht, auch aus schlechten Situationen etwas Positives zu gewinnen, ist langfristig glücklich, erfolgreich und mit sich und seinen Mitmenschen im Reinen. Für mich ist das schon lange keine trockene Theorie mehr, die zu schön klingt, um wahr zu sein. Ich habe die Macht der Gedanken bei vielen Menschen arbeiten sehen und kann Ihnen versichern: Wenn Sie auch nur ein paar alltägliche Dinge aus einem neuen Blickwinkel betrachten, kann sich Ihr Leben grundlegend zum Positiven verändern. Wirklich.

In den letzten 5 Jahren als Buchautor, Blogger und Erfolgscoach bin ich mit tausenden Menschen in Kontakt gekommen, die sich mit ihrer Persönlichkeitsentwicklung beschäftigen und auf der Suche nach mehr Lebensqualität sind. Die meisten von ihnen suchen nach geheimen Tricks, Erfolgsformeln oder Abkürzungen zu einem besseren Leben. Erklärt man ihnen dann, dass die Lösung all ihrer Probleme in ihnen selbst liegt, reagieren sie recht unterschiedlich. Das ist der Punkt, an dem sich entscheidet, ob jemand seine Ziele wirklich erreichen wird oder nicht. Denn hier kommen wir zum entscheidenden Knackpunkt: Die Wahrheit ist, dass niemand Ihr Leben verbessern kann. Auch ich nicht. Da jeder Mensch einzigartig ist und sein ganz eigenes Leben lebt, ist auch jeder eigenverantwortlich. Der Schlüssel zu jeder positiven Veränderung in Ihrem Leben sind Sie selbst. Das heißt jedoch nicht, dass jemand anderes Ihnen keine guten und hilfreichen Anregungen geben kann. Hier schließt sich dann wieder der Kreis: Mit diesem Buch vermittle ich Ihnen wertvolle und produktive Gedanken. Wenn Sie diese für sinnvoll halten und in Ihr Denken aufnehmen, können sie einen starken positiven Einfluss auf Sie haben. Das ist das Wunderbare an unseren Gedanken. Mit ihnen können wir Gutes an andere weitergeben. Erwarten Sie also nicht von diesem Buch, dass es durch das alleinige Lesen Ihr Leben bereichern wird. Erwarten Sie stattdessen, 30 wertvolle Gedanken kennenzulernen, mit denen Sie Ihr Leben maßgeblich verbessern können.

Im Folgenden werden Sie produktive Anregungen erhalten, neuen Sichtweisen zu bekannten Themen begegnen und in Ihren eigenen Gedanken positiv bestätigt werden. Der Alltag zwingt uns häufig dazu, einfach nur zu funktionieren, damit wir weiterhin bestehen können. In diesem Schema gefangen, finden wir nur selten den Freiraum, unsere Gedanken zu entfalten oder das, was uns alltäglich umgibt, zu hinterfragen. Die 30 Gedanken sollen Ihnen dabei helfen, sich davon zu befreien. Sie sind ein Nährstoff für Ihren Freigeist und fördern Ihre Lebensqualität. Das Leben ist schließlich zum Genießen da.

Dieses Buch eignet sich für jeden Menschen. Mit dem klaren Aufbau und der simplen Struktur möchte ich Ihnen ein kurzweiliges Lesevergnügen ermöglichen. Seien Sie aufgeschlossen, machen Sie es sich gemütlich und genießen Sie die folgenden Seiten. Jeder der 30 Gedanken wird in einem jeweils eigenen Kapitel ausführlich erklärt und die Hintergründe leicht verständlich beleuchtet. Das Gedankengut ist weder esoterisch noch religiös geprägt. Die Informationen in diesem Buch basieren auf Logik, den Lehren der Persönlichkeitsentwicklung und meinen Erfahrungen als Bestsellerautor, Blogger und Erfolgscoach.

Als ich die Erstauflage dieses Buches im Jahr 2014 veröffentlicht habe, rechnete ich nicht damit, dass es so erfolgreich sein würde. Dieser Erfolg bestärkt meine Überzeugung, dass ein einfacher Perspektivwechsel extrem effektiv sein kann. Aus diesem Grund habe ich mich dazu entschieden, das Buch zu überarbeiten und neu zu veröffentlichen.

So, wie sich alles im Leben weiterentwickelt, entwickeln sich auch unsere Überzeugungen, Erfahrungen und Erkenntnisse mit uns. Diese Entwicklung geht auch an mir nicht vorüber und deshalb enthält dieses Buch nun noch mehr wertvolle Informationen und Erfahrungen. Ich hoffe, dass Sie davon profitieren werden und wünsche Ihnen viel Freude beim Lesen.

Ihr Michael Leister

Die 30 Gedanken, die Ihr Leben bereichern werden

#1: Die Ressource, die Sie sich nicht erarbeiten können

Es ist schon verrückt. Wir verbringen einen Großteil unserer Lebenszeit damit, zu arbeiten. Warum arbeiten wir? Um Geld zu verdienen, damit wir unseren Lebensunterhalt und das Bestehen im modernen Alltag gewährleisten können. In der Regel opfern wir mehr als ein Drittel unseres Tages für die Arbeit, oft sogar mehr. Führen Sie sich das einmal vor Augen. Ein Drittel! Fügt man nun noch den Gedanken hinzu, dass die meisten Menschen unglücklich mit ihrem Job sind, könnte man den Eindruck bekommen, wir seien verrückt. Vielleicht sind wir das auch, denn nun wird es noch skurriler: Wir arbeiten für Geld, weil es eine unglaublich kostbare Ressource in unserem Leben ist. Über je mehr Geld wir verfügen, desto mehr Möglichkeiten und Freiheiten eröffnen sich uns. Je weniger Geld uns zur Verfügung steht, desto schwieriger wird es, zu überleben. Geld ist also wichtig, keine Frage. Doch ist es die wichtigste Ressource im Leben? Natürlich nicht. Dennoch investieren wir etwas wesentlich Wertvolleres, um Geld zu verdienen: Unsere Zeit.

Im Gegensatz zu Geld können wir uns keine Zeit verdienen. Es gibt kein Zeitkonto, auf das man einzahlen oder von dem man sich etwas abbuchen kann. Uns allen steht nur eine begrenzte Menge Zeit zur Verfügung. Wie viel, wissen wir nicht. Das macht das Leben wesentlich spannender. Sollten wir uns angesichts dieser Tatsache nicht darauf konzentrieren, das Beste aus unserer Zeit zu machen? Sollten wir unser

Leben nicht darauf ausrichten, weniger Geld zu benötigen und mehr freie Zeit genießen zu können? Ein interessanter Gedanke, nicht wahr?

Die meisten Menschen machen sich keine allzu großen Sorgen wegen der Zeit. Sie nehmen sie als gegeben hin. Schließlich haben wir alle genug davon. In der Regel weiß man etwas immer erst dann zu schätzen, wenn man es verliert und mit der Zeit ist das nicht anders. Wirklich intensive Gedanken machen sich Menschen erst dann, wenn sie alt oder krank werden. Es gibt zahlreiche Bücher, Filme und Reportagen über Menschen, die im Alter bereuen, ihre Zeit nicht sinnvoll genutzt zu haben. Genauso wird immer wieder von Menschen berichtet, die plötzlich tödlich erkranken und eine völlig neue Perspektive auf ihr Leben und ihre Zeit erlangen. Sie realisieren, wie viel sie eigentlich noch erleben oder schaffen wollen und stellen es in Vergleich mit der wenigen Zeit, die ihnen übrig bleibt. Die dabei empfundene Reue ist in beiden Fällen zermürbend.

Stellen Sie sich vor, Sie würden morgen die Nachricht erhalten, dass Ihnen nur noch genau 6 Monate bis zu Ihrem Tod bleiben. Was würde sich für Sie ändern? Was würden Sie noch unbedingt erledigen oder erleben wollen? Mit wem würden Sie sprechen wollen? Welche Vorsorge für Ihre liebsten Mitmenschen würden Sie noch einrichten wollen? Wie würden Sie sich fühlen? Hätten Sie das Gefühl, dass die verbleibende Zeit noch ausreicht, um alles unter einen Hut zu bekommen, was Ihnen durch den Kopf geht?

Es mag sehr pessimistisch klingen, doch die Wahrheit ist, dass niemand von uns weiß, wie viel Zeit ihm in diesem Leben vergönnt ist. Ob es noch 6 Monate oder 60 Jahre sind, werden wir immer erst dann wissen, wenn es soweit ist. Aus diesem Grund sollten wir unsere Zeit stets wertschätzen und das Beste aus ihr machen. Denn, wenn das Schicksal eines Tages an die Türe klopfen sollte, ist die letzte Empfindung, die man dann noch gebrauchen kann, Reue. Genauso möchte niemand eines Tages als alter Mensch aufwachen und sich fragen: „Wo ist eigentlich all die Zeit hin? Was habe ich eigentlich aus meinem Leben gemacht?"

Konzentrieren Sie sich auf das, was wirklich wichtig ist. Investieren Sie Ihre Zeit in die Menschen und Dinge, die Sie bereichern und glücklich machen. Wir kümmern uns im Alltag um so viele Sachen, die wir für wichtig halten, die es aber in Wirklichkeit nicht sind. Geld kann man immer verdienen und Besitztümer können ersetzt werden. Die Zeit ist jedoch kostbar und einzigartig. Jede einzelne Sekunde, die Sie erleben, wird nicht zu Ihnen zurückkehren. Sie können aus der Reue anderer Menschen lernen und sie sich selbst ersparen. Fragen Sie sich noch heute, ob Sie eines Tages glücklich auf viele großartige Momente zurückblicken oder voller Reue Ihrer Zeit nachweinen wollen.

Dieser Gedanke soll keinen Druck in Ihnen auslösen. Er soll nicht das Gefühl erwecken, dass wir zu Effizienz-Maschinen werden müssen, die ständig Erfolge feiern. Er soll uns stattdessen dazu anregen, das Leben zu genießen und unsere Zeit wertzuschätzen. Zeit ist die vielleicht kostbarste Ressource unseres Lebens. Wenn wir clever und verantwortungsbewusst mit ihr umgehen, können wir ein erfülltes, ausgeglichenes und glückliches Leben führen.

#2: Das wertvollste Geschenk, das Sie machen oder erhalten können

Wie wir vorhin festgestellt haben, ist die Zeit unsere wertvollste Ressource. Sie ist wesentlich wertvoller als Geld oder andere materielle Besitztümer. Lassen Sie mich Ihnen eine simple Frage stellen: Würden Sie sich Ihr Geld stehlen lassen? Oder die Besitztümer, für die Sie hart gearbeitet haben? Vermutlich nicht, oder? Warum lassen Sie sich dann Ihre Zeit stehlen?

Im Alltag lassen wir uns ständig von anderen Menschen unsere Zeit stehlen. Wir sagen Verabredungen zu, zu denen wir lieber nicht gehen würden. Wir machen Überstunden für Arbeitskollegen, die wir eigentlich nicht mögen. Wir hören uns Geläster und negative Gedanken von anderen an und wir lassen zu, dass wir enttäuscht werden. All diese Erfahrungen machen uns weiser, doch sie kosten uns auch einen Teil unserer kostbaren Zeit. Wie wird es sich am Ende Ihres Lebens wohl anfühlen, wenn Sie zurückblicken und feststellen, dass Sie einen großen Teil Ihrer Zeit und Aufmerksamkeit in Menschen investiert haben, die am Ende gar keine Rolle mehr für Sie spielen? Wie zufrieden werden Sie wohl sein, wenn Sie realisieren, dass Sie nur wenig von Ihrer Zeit hatten, weil andere sie Ihnen gestohlen haben? Diese Reue muss nicht sein. Sie können sich bereits jetzt davor schützen, indem Sie Zeiträuber vermeiden.

Ein Zeiträuber ist ein Mensch, der sich permanent über alles Mögliche beschwert und schlecht über andere spricht. Im Grunde genommen ist er jemand, der selbst sehr stark verunsichert ist und sich nicht traut, in seinem Leben positive und selbstfördernde Schritte zu wagen. Deswegen versucht er, andere ständig herunterzuziehen, damit niemand in seiner Entwicklung an ihm vorbeiziehen kann. Darüber hinaus mischt er sich stark in das Leben anderer Menschen ein, anstatt Verantwortung für sich selbst zu übernehmen. Er kostet insgesamt viel Zeit und Aufmerksamkeit, was jedoch nicht zu positiven Ergebnissen führt, sondern in der Regel zu Frust und Wut.

Fällt Ihnen da spontan jemand ein? Meiner Erfahrung nach begegnen wir auf der Arbeit oder im Bekanntenkreis immer wieder einem dieser Zeiträuber, von dem niemals ein freundliches oder positives Wort kommt, sondern immer nur Beschwerden und Lästereien. Lassen Sie sich nicht davon herunterziehen oder Ihre Stimmung verderben. Lassen Sie sich erst recht nicht Ihre Zeit stehlen! Im Leben gilt das Prinzip der Eigenverantwortung. Wir alle sind selbst für unsere Persönlichkeitsentwicklung verantwortlich. Das mag hart oder egoistisch klingen, ist jedoch nur logisch. Schließlich müssen Sie Ihr eigenes Leben meistern und können nur in Ihrem eigenen Einflussbereich handeln. Aus diesem Grund sollten Sie gar nicht erst versuchen, andere Menschen zu „verbessern“. Seien Sie es sich wert, jenen Menschen aus dem Weg zu gehen, die ständig nur negativ sind, Sie enttäuschen oder ausnutzen. So dürfen und sollten Sie denken. Das ist Ihr gutes Recht. Verschenken Sie Ihre kostbare Zeit nicht an Personen, die sie nicht zu schätzen wissen. Das Leben ist schön und Sie sollten genügend Zeit haben, um es zu genießen. Wenn Sie aufhören, sich Ihre Zeit von negativen Menschen stehlen zu lassen, steht diesem Vorhaben nichts im Weg.

Man kennt mich als großen Helfer und Motivator. Über meine Social-Media-Kanäle und meinen Blog erreiche ich täglich zehntausende Menschen und versorge sie mit positiven Gedanken. Ich bin stets freundlich und glaube fest daran, dass Menschen sich mit einem positiven Austausch gegenseitig unterstützen und erheben. Daher nehme ich mir auch immer gerne Zeit für ein gutes, klassisches Gespräch von Angesicht zu Angesicht. Begegne ich jedoch einem Zeiträuber, ist die Unterhaltung schnell beendet. Manche Menschen mögen das als arrogant oder unhöflich empfinden, aber tatsächlich hat das etwas mit meiner gesunden Wertschätzung der Zeit zu tun. Die Zeit, die mir sonst ein leidenschaftlich negativer Mensch gestohlen hätte, kann ich investieren, um viele andere zu motivieren. Ich widme diese Zeit den Menschen, die sie zu schätzen wissen.

Zeit ist das kostbarste Geschenk, das wir anderen machen oder von ihnen erhalten zu können. Über den Wert der Zeit haben wir nun ausführlich gesprochen. Ist es angesichts dessen nicht unglaublich großzügig, wenn sich jemand wirklich Zeit für uns nimmt und uns seine Aufmerksamkeit schenkt? Und ist es nicht auch eine großartige Geste von Ihnen, wenn Sie Ihre Zeit für andere aufbringen, um ihnen zu helfen oder etwas Besonderes mit ihnen zu erleben? Gehen Sie für einen Moment in sich und denken Sie über die tiefere Bedeutung dessen nach. Es fällt uns manchmal schwer, anderen Geld zu leihen. Geld ist jedoch nicht annähernd so wertvoll wie die Zeit und wir bekommen es später sogar wieder zurück! Die Zeit dagegen ist unglaublich kostbar und kann auch nicht wieder zurückgegeben werden. Stehen Sie zu sich, seien Sie mutig und erkennen Sie, dass nur jene Menschen Ihre Zeit und Aufmerksamkeit verdienen, die sie auch zu schätzen wissen. Auf diese Weise werden Sie später nicht das Gefühl haben, man habe Ihnen zu viel Zeit gestohlen.

Es ist ein nobler Gedanke, jemandem seine Zeit zu schenken. Wenn man es von Herzen gerne macht und sie einem Menschen widmet, der das auch zu schätzen weiß, wird man gemeinsam sehr viele besondere Momente erleben und eine lange, erfüllte Freundschaft pflegen.

Das Leben hat Ihnen eine unbekannte Menge Zeit geschenkt. Wie Sie diese verbringen, wem Sie sie widmen oder ob Sie sie sich stehlen lassen, liegt nun ganz bei Ihnen.

#3: Nie wieder zu kurze Wochenenden

Das folgende Szenario könnte Ihnen bekannt vorkommen: Es ist Sonntagabend und Sie verspüren ein ungutes Gefühl in der Magengegend. Sie wissen ganz genau, dass ein paar Stunden Schlaf alles sind, was Sie von der nächsten anstrengenden Arbeitswoche trennt. Sie haben keine Lust auf all das, was Ihnen bevorsteht: Stress, Termine, Meetings, Aufgaben und Verpflichtungen. Sie sind einfach noch nicht bereit dafür. Wie denn auch? Schließlich hatten Sie nur ein ganz kurzes Wochenende, um sich auszuruhen. Das hat nicht annähernd gereicht. Das Schlimmste daran ist, dass Sie das Wochenende überhaupt nicht genießen konnten. Es war viel zu kurz und Sie haben keinen Ihrer Pläne umsetzen können, da immer etwas dazwischengekommen ist. Sie befinden sich in einem Teufelskreis, in dem Sie ständig arbeiten und die Freizeit gerade noch so ausreicht, um sich zumindest ein klein wenig auszuruhen, bevor es wieder weitergeht. Sie sind unglücklich und ausgebrannt. Was Sie nun brauchen, sind keine längeren Wochenenden, sondern ein Wechsel der Perspektive!

Unsere Gesellschaft lebt von Wochenende zu Wochenende. Die schlechte Montags-Stimmung ist allgegenwärtig. Im Radio, im Fernsehen, in Zeitschriften und in Online-Portalen wird der Freitag angepriesen, während der Montag Anlass zur Lethargie ist. Diese allgemeine Grundstimmung färbt natürlich ab. Es wird sogar im wahrsten Sinne des Wortes an den Wochenenden gefeiert, um die Strapazen der Woche zu vergessen. Die Frage, die wir uns hier stellen müssen, lautet: Können wir es uns leisten, so viel Zeit zu überspringen und gequält hinter uns zu bringen? Die logische Antwort darauf sollte eigentlich „Nein“ lauten.

Erinnern Sie sich an den ersten Gedanken in diesem Buch: Zeit ist unsere wertvollste Ressource. Sie ist einmalig und unbezahlbar. Indem wir von Wochenende zu Wochenende leben, blenden wir ganze 5 Tage unserer Woche aus. Wir genießen sie nicht, sondern bringen sie hinter uns. Die beiden Tage, die übrig bleiben, können wir ebenfalls nicht voll auskosten. Sie bleiben ein kleines Trostpflaster. Wo bleibt da noch die Lebensqualität? Wie viel ist Ihre Zeit noch wert, wenn man das Ganze mal aus dieser Perspektive betrachtet? Dieser simple Ansatz lässt uns erkennen, dass ein Großteil aller Menschen keinen Mehrwert aus der uns gegebenen Zeit gewinnt. Lassen Sie uns einen Blick auf eine alternative Sichtweise werfen, die Ihnen schlagartig zu mehr Freizeit und Lebensqualität verhilft.

Ein Tag hat 24 Stunden. Sagen wir einfach mal, dass Sie 8 Stunden lang schlafen und 8 Stunden lang mit der Arbeit beschäftigt sind. Das macht insgesamt 16 Stunden. Später werden wir noch herausfinden, dass in diesen 16 Stunden viel mehr Freizeit steckt, als Sie aktuell vielleicht denken würden, aber das ist nun zweitrangig. Abzüglich der genannten 16 Stunden bleiben also 8 Stunden übrig. 8 ganze Stunden. Nun könnte man noch behaupten, dass Sie sich waschen, zur Toilette gehen, einkaufen und sich um den Haushalt kümmern. Lassen Sie uns ganz großzügig sein und behaupten, dass das im Schnitt ganze 3 Stunden pro Tag ausmacht. Dann bleiben immer noch 5 Stunden übrig. Von Montag bis Freitag macht das insgesamt 25 Stunden Freizeit, die Sie alleine, mit Ihren Freunden oder Ihrer Familie verbringen können. 25 Stunden! Das ist die gesamte Arbeitswoche einer Teilzeitkraft. Und dann kommt da noch Ihr Wochenende hinzu, das Sie vollumfänglich genießen können. Haben Sie immer noch das Gefühl, über zu wenig Zeit zu verfügen? Bedenken Sie: Gleich werden wir beleuchten, dass es eigentlich noch viel mehr ist!

Im Alltag lassen wir uns von allen möglichen Dingen ablenken, vor allem, da wir im digitalen Informationszeitalter leben. Das Fernsehen, Youtube, Facebook, Instagram und viele, viele andere Medien lenken uns vom Wesentlichen ab. Ehe wir uns versehen, sind schnell ein paar kostbare Stunden vergangen, in denen wir etwas Produktives oder Entspannendes hätten unternehmen können. Am Ende liegt es ganz an Ihnen, was Sie aus Ihrer Zeit machen. Das Problem ist nicht, dass wir zu wenig Zeit haben. Das Problem ist in der Regel, wie wir sie nutzen. Wer das erkennt und neue Prioritäten setzt, hat die besten Voraussetzungen, um langfristig etwas zum Positiven zu verändern.

Kommen wir abschließend noch zu dem Gedanken zurück, das Wochenende sei zu kurz. Da wir das Gefühl haben, werktags keine Zeit zu haben, machen wir stets Pläne für das Wochenende. Wir überfüllen es geradezu und das ist einer der Gründe dafür, dass wir es nur selten genießen. Eröffnet sich uns nun jedoch die Perspektive, auch in der Woche viel

Zeit zu haben, können wir unsere Pläne und Wünsche besser aufteilen. So bleibt mehr Luft für das Wochenende übrig und wir können die Freizeit unbeschwerter genießen.

Wenn Sie in Ruhe darüber nachdenken, werden Sie feststellen, dass Sie im Grunde genommen kein Zeitproblem haben. Es ist viel eher ein Organisationsproblem. Menschen mit einem Zeitproblem steht nicht zu wenig Zeit zur Verfügung. Sie nutzen sie einfach nicht effizient genug.

Natürlich wäre es schön, generell mehr Freizeit zu haben. Da es aber nicht in unserem Einflussbereich liegt, das System der Gesellschaft zu ändern, müssen wir das Beste aus unseren Möglichkeiten machen. Dazu gehört, einen alternativen Blickwinkel zuzulassen, besser mit den vorhandenen Ressourcen zu wirtschaften und neue Prioritäten zu setzen. Viel Erfolg dabei!

#4: Lebensaufgabe oder Zeitverkauf?

Wie bereits im ersten Kapitel erwähnt, verbringen wir rund ein Drittel unseres Tages mit der Arbeit. Die meisten Menschen denken überhaupt nicht darüber nach, sondern machen es einfach. Aufstehen, arbeiten, nach Hause kommen, ein paar alltägliche Verpflichtungen erledigen, zu Bett gehen und das Ganze wieder von vorne. Ein völlig normaler Alltag des durchschnittlichen Menschen. Im vorigen Kapitel haben wir uns dann mit einer neuen Perspektive beschäftigt, die uns inmitten all dessen mehr Zeit und Lebensqualität verschafft. Darüber hinaus können wir jedoch noch viel mehr gewinnen, wenn wir auch eine neue Sichtweise bezüglich der alltäglichen Arbeit in Betracht ziehen!

Wir arbeiten so hart und so viel, dass es uns schwerfällt, Zeit für unser Privatleben, unsere Freunde und unsere Familie einzurichten. Selbsternannte „Experten" glauben, eine passende Lösung gefunden zu haben: Die „Work-Life-Balance". Sie soll uns dabei helfen, unsere Arbeitszeit und Freizeit besser in Einklang zu bringen. Im Grunde genommen ist das keine schlechte Idee. An ihr gibt es jedoch einen großen Haken: Durch die Einteilung in „Work" (also Arbeit) und „Life" (also Leben) wird unser Leben so dargestellt, als wäre nur Freizeit das wahre Leben. So, als wäre die Arbeit kein Teil davon, sondern ein notwendiges Übel, das wir irgendwie hinter uns bringen müssen. In dem Moment, in dem Sie diesen Gedanken akzeptieren, schreiben Sie ein Drittel Ihrer Lebenszeit als notwendiges Übel ab. Lebensqualität ist anders, also sollte diese Sichtweise für Sie gar nicht erst in Frage kommen.

Tatsache ist, dass Sie immer leben. Sie müssen keine Balance zwischen der Arbeit und dem Leben finden, weil Sie schlicht und einfach immer leben. Auch bei der Arbeit! Das Leben ist viel zu schön und zu kostbar, um einfach abgeschrieben zu werden. Natürlich könnte alles viel leichter und unbeschwerter sein, wenn wir nicht ständig arbeiten müssten. Natürlich würde es sich ohne Geldsorgen glücklicher leben lassen, keine Frage. Doch lassen Sie uns an dieser Stelle realistisch sein: An der Gesellschaft und dem System, auf dem sie beruht, werden wir kurzfristig nichts ändern können. Das ist leider so. Unsere Lebenseinstellung liegt jedoch in unserem eigenen Einflussbereich und daran können wir sofort etwas verändern. Nicht alles im Leben ist ausschließlich gut oder schlecht. Es gibt immer zwei Seiten der Medaille und deshalb ist es auch möglich, sich die Vorteile Ihrer alltäglichen Arbeit vor Augen zu führen. Das wird zwar nicht alle Probleme lösen, aber zumindest dafür sorgen, dass Sie wieder mehr Freude an Ihrem Job haben und nicht mehr den Eindruck haben, Ihre Lebenszeit zu verschenken. Hier ist eine hilfreiche, neue Perspektive:

Betrachten Sie die Arbeit nicht als Verkauf von Zeit im Austausch gegen Geld. Ihre Zeit ist so kostbar, dass sie ohnehin niemand angemessen bezahlen könnte. Verabschieden Sie sich also von diesem Gedanken. Betrachten Sie Ihre Arbeit stattdessen als eine Aufgabe, die einen tieferen Sinn erfüllt. Als Wertschätzung dafür, dass Sie sich dieser sinnvollen

Aufgabe widmen, werden Sie mit Geld belohnt. Welcher tiefere Sinn hinter Ihrer Arbeit steckt, können Sie ganz einfach herausfinden. Fragen Sie sich einfach, wer von Ihrem Einsatz und Engagement profitiert. Die meisten Menschen glauben irrtümlicherweise, nur Ärzte, Anwälte und andere Akademiker hätten wirklich gute Jobs. Das ist jedoch ein gewaltiger Irrtum! JEDER Job erfüllt eine wichtige Aufgabe, die dazu beiträgt, dass die Welt weiterhin funktionieren kann. So ist zum Beispiel ein Arzt zwingend auf die Unterstützung durch Pflegepersonal und Fachassistenten angewiesen. Ohne sie könnte er seiner Arbeit kaum nachgehen. In verschiedenen Berufen gibt es unterschiedliche Grade der Verantwortung, doch es ist wichtig zu erkennen, dass jeder seinen Beitrag leistet und zum großen Ganzen dazugehört. Das lässt sich auf jede Branche übertragen! Wer würde Ihnen nach einem harten Arbeitstag das Essen nach Hause liefern, wenn es den Pizzaboten nicht gäbe? Wer würde Sie sicher nach Hause oder pünktlich zu einem Termin bringen, wenn es den Taxifahrer nicht gäbe? Wer würde den Müll von den Straßen entfernen und bei Ihnen zu Hause abholen, wenn es den städtischen Müllentsorger nicht gäbe? Wie Sie sehen, steckt hinter wirklich jeder Arbeit ein tieferer Sinn. Wir müssen nur bereit sein, ihn auch zu erkennen.

Sollten Sie feststellen, dass auch diese Perspektive Ihnen nicht dabei hilft, mehr Gefallen an Ihrem Alltag zu finden, liegen das Problem und die Lösung auf der Hand: In diesem Fall sollten Sie einen Berufswechsel in Betracht ziehen. Für viele Menschen klingt das nach Unsicherheit und einem großen Risiko, doch man sollte sich fragen, ob man wirklich ein Drittel seines Alltags unglücklich verbringen möchte, um bloß keine Risiken einzugehen.

Hören Sie auf, Ihre Zeit gegen einen Stundenlohn zu verkaufen und widmen Sie sich der Aufgabe, die wirklich in Ihrem Job verborgen liegt. Zum Schluss gebe ich Ihnen noch einen interessanten Gedanken mit auf den Weg: Wie langweilig wäre das Leben, wenn Sie nicht mehr arbeiten gehen würden? Mit Sicherheit wäre das anfangs sehr entspannend, doch irgendwann würden Sie sich langweilen. Wir Menschen brauchen eine Beschäftigung. Ist es da nicht sinnvoll, sich eine Beschäftigung zu suchen, die einem auch wirklich Spaß macht oder die man wichtig und sinnvoll findet? Ich wünsche Ihnen viel Freude beim Wechsel der Perspektive.

#5: Ihr Chef ist kein besserer Mensch als Sie

Lassen Sie mich Ihnen ein kleines Geheimnis über mich verraten. Bei Vorträgen oder Coachings über Businessthemen spreche ich oft über die Vorteile der Selbstständigkeit, bzw. des Unternehmertums. Es gibt viele gute Gründe, um sich selbstständig zu machen und an der Erfüllung seiner Vision zu arbeiten. Doch für mich persönlich waren diese Gründe nicht die gesamte Motivation. Es gibt noch ein starkes Argument, das in mir den Mut weckte, meine berufliche Karriere in die eigenen Hände zu nehmen: Ich hatte furchtbare Arbeitgeber.

Ist Ihnen schon einmal aufgefallen, wie selbstverständlich es ist, von seinem Chef „einen Einlauf" zu bekommen? Haben Sie schon einmal darauf geachtet, für wie viele Menschen es vollkommen normal ist, niedergeschlagen von der Arbeit nach Hause zu kommen und zu erzählen, ihr Chef habe sie völlig zusammengefaltet? Kennen Sie es von Ihren Arbeitskollegen oder von sich selbst, dass Sie nur hinter vorgehaltener Hand über den Chef sprechen und sich vor ihm fürchten? Und haben Sie auch schon gemerkt, dass die meisten Menschen dazu neigen, ihren Arbeitgeber als „etwas Besseres" zu betrachten? Wenn Ihnen all das aus Ihrem Berufsalltag bekannt vorkommt, sollten Sie einen Perspektivwechsel in Betracht ziehen. Die Wahrheit ist nämlich, dass Ihr Chef kein besserer Mensch als Sie ist. Er trägt lediglich mehr Verantwortung in seinem Unternehmen. Wer lernt, bewusst zwischen dem persönlichen Umgang und dem geschäftlichen Verhältnis zu unterscheiden, leidet bei der Arbeit unter merklich weniger Druck und kann auch sein Selbstbewusstsein langfristig besser entfalten.

Natürlich gibt es sicherlich einige Unternehmen mit freundlichen Geschäftsführern, doch der durchschnittliche Arbeitsalltag zeichnet ein anderes Bild. Immer mehr Menschen beschweren sich darüber, ihr Chef würde zu viel verlangen und sei zu streng. Ich habe das in meinen früheren Zeiten als Arbeitnehmer auch so erlebt. Es gab unzählige Momente, in denen Arbeitskolleginnen und -kollegen tränenüberströmt oder vor Zorn errötet aus dem Büro des Chefs kamen und anschließend nicht mehr in der Lage waren, produktive Arbeit zu leisten oder überhaupt noch einen schönen Tag zu haben. Warum das so ist, führt hier am Thema vorbei. Entscheidend ist nur, was man dagegen unternehmen kann.

Grundsätzlich sollten Sie sich über Folgendes im Klaren sein: Kein Mensch ist besser als ein anderer. Ein funktionierender Austausch und ein gutes Verhältnis zwischen zwei Menschen sind immer nur dann gegeben, wenn beide sich auf Augenhöhe begegnen und respektvoll behandeln. Dass jemand Ihnen Arbeit gibt und einen Lohn zahlt, gibt ihm nicht das Recht, Sie schlechter zu behandeln. Leider vergessen das zu viele Menschen. Außerdem sollten Sie nicht aus den Augen verlieren, dass ein Arbeitgeber kein Wohltäter ist, der Ihnen aus purer Großzügigkeit einen Job gibt. Er ist genauso auf Sie angewiesen, wie Sie auf ihn. Betrachten wir das Ganze doch einfach mal ganz simpel:

Eine Person gründet ihr eigenes Unternehmen und verkauft ein Produkt oder eine Dienstleistung. Sobald die Nachfrage steigt, muss mehr Arbeit geleistet werden, um der Auftragslage gerecht zu werden. Da ein einzelner Mensch nur eine begrenzte Menge an Zeit und Arbeitsleistung erbringen kann, braucht das Unternehmen neue Mitarbeiter. Der Unternehmer wird durch diesen Schritt automatisch zum Chef. So, wie seine Mitarbeiter auf Arbeit und Lohn angewiesen sind, ist er auf die Arbeitsleistung und Loyalität seiner Mitarbeiter angewiesen. Ansonsten kann er ebenfalls seine Rechnungen nicht zahlen und das Unternehmen geht pleite. Logisch betrachtet stehen der Chef und seine Mitarbeiter also in einem Abhängigkeitsverhältnis zueinander. Alleine schon deswegen begegnen sie sich auf Augenhöhe.

Hier kommt nun der entscheidende Unterschied: Der Arbeitgeber trägt ein höheres Maß an Verantwortung. Schließlich gehört ihm das Unternehmen. Er muss alle Prozesse steuern, Verantwortung für alle Kosten übernehmen und dafür sorgen, dass die Firma auch in Zukunft noch Bestand haben wird. Als Arbeitnehmer haben Sie natürlich deutlich weniger Verantwortung. Allerdings tragen Sie durch Ihre Arbeitsleistung maßgeblich dazu bei, dass Ihr Chef all seinen Verpflichtungen nach außen und innen gerecht werden kann. Genauso, wie Sie Ihrem Chef dankbar für die Chance auf Arbeit sein können, muss er auch Ihnen dafür dankbar sein, dass Sie ihn unterstützen. Das klingt vielleicht ungewöhnlich, ist jedoch eine Tatsache! Ich bin selbst Arbeitgeber und weiß, wovon ich spreche.

Der Knackpunkt ist nun der folgende: Was bringt Ihnen dieses Wissen, wenn Ihr Chef sich dessen nicht bewusst ist und schlecht mit Ihnen umgeht? Hierfür habe ich zwei Herangehensweisen:

Mein erster Rat ist, sich all das nicht zu nahe gehen zu lassen. Ja, das klingt sehr pauschal, ich weiß. Allerdings ist das Ihre beste Option. Wenn Ihr Chef Sie aufgrund Ihrer Arbeitsleistung kritisiert, meint er das höchstwahrscheinlich nicht persönlich. Er steht selbst unter Strom und betrachtet weniger den Menschen in Ihnen und mehr die Leistung, die Sie erbringen. Würden Sie sich privat mit ihm unterhalten und eine Tasse Kaffee trinken, wäre die Atmosphäre sicherlich wesentlich entspannter. Identifizieren Sie sich nicht mit Ihrer Arbeit. Nehmen Sie es nicht persönlich, wenn Ihre Leistung kritisiert wird, sondern nutzen Sie die Kritik, um besser zu werden. Begegnen Sie Ihrem Chef als Mensch immer auf Augenhöhe und lassen Sie sich nicht einschüchtern. Seien Sie sachlich und nehmen Sie nichts zu persönlich. Sollte Ihr Chef jedoch persönlich werden, sollten Sie eine Grenze ziehen. Hier kommen wir zum zweiten Ratschlag.

Manchmal hat man das Pech, einen Arbeitgeber zu haben, der Persönliches und Geschäftliches nicht voneinander trennen kann und seine Mitarbeiter persönlich angreift. In diesem Fall ist es Ihr gutes Recht, ihn auf das hinzuweisen, was Sie in diesem Kapitel gelernt haben: Er trägt lediglich mehr Verantwortung als Sie, ist jedoch kein besserer Mensch. Niemand hat das Recht, Sie zu beleidigen, zu erniedrigen oder Unangebrachtes von Ihnen zu verlangen. Wenn Sie Angst haben, dass dies zu einer Kündigung führen könnte, sollten Sie sich die folgende Frage stellen: Wäre eine Kündigung in diesem Fall nicht das Beste, was Ihnen passieren könnte? Was gibt es Schlimmeres, als jeden Tag etwas zu tun, was man eigentlich nicht tun möchte? In jeder Veränderung steckt eine Chance. Entweder verändert Ihr Chef sich zum Positiven oder Ihre Arbeitssituation verbessert sich. Auf lange Sicht können Sie nur gewinnen, auch wenn die Veränderung uns am Anfang Angst macht.

Weil die Beziehung zum Arbeitgeber im Alltag eine so große Rolle spielt, haben wir diesen Gedanken so ausführlich thematisiert. Lassen Sie sich auf die neuen Ideen ein und Sie werden feststellen, dass Sie im Arbeitsalltag neue Freiheiten und vermutlich auch wieder mehr Freude gewinnen werden.

6: Der Gedanke, der Sie immer tragen wird

Den Alltag zu bewältigen, ist nicht immer leicht. Darin sind wir uns wohl einig. Tatsächlich gibt es jedoch ein simples Prinzip zur Bewältigung des Ganzen, das sich auf ausnahmslos jeden Menschen übertragen lässt. Es lautet:

„Das kleinste Boot kann den größten Ozean überqueren, solange es kein Wasser nach innen lässt.“

Das wirkt plausibel, oder? Sowohl ein kleines Fischerboot als auch ein riesiges Kreuzfahrtschiff können gleichermaßen die Meere der Welt überqueren. Sie sinken nur dann, wenn sie eine undichte Stelle offenbaren und Wasser hineinlassen. Aber was hat das Ganze mit uns Menschen und dem Alltag zu tun?

Inmitten von mehr als 7 Milliarden Menschen auf einem Planeten, der nur ein Sandkorn im Universum darstellt, kann man sich bedeutungslos und verloren vorkommen. Die meisten Menschen fühlen sich wie das kleine Boot aus der Metapher, das sich im großen Ozean des Alltags über der Wasseroberfläche halten muss. Dieser Kampf ist nicht immer leicht, denn wir sind geplagt von Existenzängsten, Verpflichtungen, Stress, Hektik, negativen Nachrichten und weitreichenden Veränderungen der Gesellschaft. Tatsächlich ist es heutzutage für einen erschreckenden Großteil der Menschen jeden Monat aufs Neue eine Herausforderung, den eigenen Lebensunterhalt trotz geregelter Arbeit zu finanzieren. Es fühlt sich für die Meisten ungerecht an, so hart kämpfen zu müssen, während es Menschen gibt, die großen Wohlstand genießen und sich zumindest um ihre finanzielle Existenz keine Sorgen machen müssen. Diese wohlhabenden und oft auch mächtigen Menschen wirken wie große Schiffe im Ozean, die eindrucksvoll den Wellen trotzen und unerschrocken voranschreiten.

Es ist wichtig zu begreifen, dass es für uns selbst keinen Unterschied macht, wie schwer oder leicht unsere Mitmenschen es haben. Wichtig ist immer nur, dass wir das Beste aus den uns gegebenen Möglichkeiten machen und unsere Chancen auf Erfolg und persönliche Weiterentwicklung erhöhen. Wenn wir unsere Zeit und Energie damit verschwenden, anderen beim Leben zuzusehen, verpassen wir unser eigenes. Es ist also ratsam, die folgende Tatsache anzuerkennen: Auch das kleinste Boot kann den größten Ozean überqueren! Auch Sie können im Alltag bestehen, unabhängig von Ihrer aktuellen Situation. Ob Sie sich auf Ihrer Reise zu einem großen Schiff entwickeln, hängt von vielen anderen Faktoren ab, die ganz Ihnen überlassen sind. Die Hauptsache ist jedoch, dass Sie von Ihren Fähigkeiten Gebrauch machen.

Was ist die vorhin genannte Notwendigkeit für das kleine Boot, um nicht unterzugehen? Richtig! Es darf kein Wasser nach innen lassen. Also, wenn der Alltag mit seinen starken Herausforderungen den Ozean darstellt, woraus setzt sich das metaphorische Wasser dann zusammen? Sie ahnen es bereits: Es sind die eben erwähnten Faktoren, wie Stress, Hektik, Existenzängste, Konflikte und viele andere. Solange

Sie diese nicht zu nah an sich herantreten lassen, kann Sie nichts aus der Ruhe bringen.

Das Ganze ist natürlich wesentlich leichter gesagt als getan. Wie soll man all die Problemthemen des Alltags an sich abperlen lassen? Die Antwort darauf ist simpel: Indem man Eigenverantwortung übernimmt! Versuchen Sie nicht, die Welt um sich herum zu ändern. Beschweren Sie sich nicht einmal über sie. Früher oder später müssen wir alle feststellen, dass wir nur innerhalb unseres eigenen Einflussbereichs für Veränderungen sorgen können. Also sollten wir all unsere Zeit und Kräfte auch nur darin investieren, diesen Einflussbereich so positiv wie möglich zu gestalten. Auf den Alltag übertragen bedeutet das:

Sie können Ihre Mitmenschen nicht davon abhalten, sich negativ zu verhalten oder Sie ungerecht zu behandeln. Sie können jedoch entscheiden, so etwas gar nicht erst an sich heranzulassen. Nehmen Sie es sich nicht zu Herzen oder meiden Sie einfach den Kontakt zu negativen Menschen.

Sie können viele Ihrer Sorgen nicht von heute auf morgen aus dem Weg räumen. Sie können aber begreifen, dass Ihre Sorgen keine Probleme lösen, sondern Sie lediglich auf diese hinweisen. Wenn Sie ständig nur an Probleme denken, überfluten Sie Ihre Gedanken mit Ängsten und lähmen sich selbst. Nehmen Sie also zur Kenntnis, dass es einen negativen Zustand gibt, an dem es zu arbeiten gilt. Konzentrieren Sie anschließend Ihre Gedanken auf die Lösung von Problemen und nicht auf die damit verbundenen Ängste.

Ihre Gedanken sind frei und sie gehören Ihnen. Sie alleine entscheiden, was Sie in Ihren Kopf lassen und was nicht. Warum lassen Sie also ständig Wasser von außen eindringen und riskieren somit, zu sinken? Sie können ungeahnt leichtfüßig über die Oberfläche gleiten, wenn Sie stets einen kühlen Kopf bewahren. Lassen Sie sich von anderen und der Welt nicht aus der Fassung bringen. Seien Sie achtsam und nehmen Sie auf, was um Sie herum geschieht. Handeln Sie anschließend bedacht und klug.

Wann immer Sie in Zukunft im Stress zu versinken drohen, denken Sie einfach an die simple Weisheit mit dem kleinen Boot. Ein so kleiner Perspektivwechsel kann Sie schnell wieder auf Kurs bringen.

7: Das Leben ist unpersönlich

Viele Menschen behaupten, das Leben sei ungerecht. Sie meinen, vom Pech verfolgt oder um wertvolle Chancen und Möglichkeiten beraubt zu werden. Haben auch Sie schon einmal dasselbe gedacht? Wenn ja, dann sind Sie damit sicherlich nicht alleine. Es gibt Situationen, Tage oder sogar ganze Phasen, in denen nichts so läuft, wie wir es gerne hätten. In diesen Zeiten ist es leicht, sein eigenes Handeln nicht zu hinterfragen und mit dem Finger auf jemanden oder etwas zu zeigen, das irgendwie nicht ganz greifbar ist: Das Leben.

Amüsant wird es, wenn man versucht, sich das Leben als Person vorzustellen, die unsere Pläne durchkreuzen oder uns gar etwas Böses anhaben will. Ist da etwa ein Schurke mit schwarzem Bart und Augenklappe, der uns ständig Steine in den Weg legt? Aber auch, wenn wir den Spaß beiseite lassen, bleibt die ernsthafte Frage: Ist es möglich, dass das Leben ungerecht zu uns ist?

Die Antwort darauf lautet ganz eindeutig: Nein. Das Leben ist unpersönlich und nicht in der Lage dazu, uns zu bevorzugen oder zu benachteiligen. Tatsache ist, dass die Menschen ungerecht sind. Es liegt in der Natur des Menschen, sowohl positiv als auch negativ handeln zu können. Schlägt eine der Neigungen ins Extreme aus, ist das für uns, bzw. die ganze Welt deutlich spürbar. Das Leben selbst ist jedoch völlig unpersönlich und hat seine ganz eigenen Regeln, die stetig und nicht veränderbar sind. So gibt es zum Beispiel die physikalischen Gesetze, die immer gleich sind, aber von uns unterschiedlich genutzt werden können. Es gibt die Zeit, die wir messen, aber nicht verändern können. Genauso gibt es den Tod, der endgültig ist und den wir nicht austricksen können. Das Leben hat seine ganz eigenen Regeln und ist immer beständig. Es ändert seine Meinung nicht und manchmal, wenn wir Menschen darunter leiden, wollen wir das nicht wahrhaben. Wir verhalten uns wie trotzige Kinder und beschuldigen das Leben für negative Erlebnisse. In Wahrheit sind wir uns jedoch alle früher oder später dessen bewusst, worauf wir uns mit dem Leben einlassen und dass es uns nichts Böses will.

Es ist zum Beispiel grausam, wenn ein Kind im Meer ertrinkt. Niemand würde sich so etwas wünschen und dennoch ist es unfair, das Leben deshalb als ungerecht zu bezeichnen. Dass wir unter Wasser nicht atmen können, gehört zu den physikalischen Grundgesetzen. Das war schon immer so und daran wird sich vermutlich auch niemals etwas ändern.

Wenn Sie sich mit einer Geschäftsidee selbstständig machen, dabei scheitern und anschließend mit einer Pleite zu kämpfen haben, ist es sehr kontraproduktiv, dem Leben die Schuld daran zu geben. Das Geldsystem und der Kapitalismus wurden vom Menschen gemacht, nicht vom Leben. Die damit verbundenen Herausforderungen zu meistern, liegt stets im eigenen Verantwortungsbereich. Mit Pech hat das selten etwas zu tun.

Es ist unglaublich wichtig zu begreifen, dass Verantwortung Macht ist. Wir geben Macht über unser Leben ab, wenn wir dem Leben die Schuld für negative Umstände oder Situationen geben. Wir implizieren damit, dass wir nichts dafür können, dass etwas Schlimmes passiert ist oder wir bei einem Vorhaben gescheitert sind. Dieser Logik entsprechend liegt es also auch nicht im eigenen Verantwortungsbereich, die eigene Situation zu verbessern oder mit den frisch entstandenen Herausforderungen umzugehen. Diese Einstellung ist fatal! Wie bereits gesagt, geben wir damit Macht über unser Leben ab. Wer stattdessen Eigenverantwortung übernimmt, befindet sich immer (!) in der Lage, aus einer negativen Situation eine positive zu formen. Manchmal geschehen wirklich unglückliche und tragische Ereignisse. Sie passieren aber auch genauso nicht. Oft begehen Menschen Fehler und kommen mit großem Glück ungeschädigt davon. In diesem Momenten beschwert sich niemand über das Leben, nicht wahr?

Diese Wahrheit klingt unangenehm und mag dem ein oder anderen sogar herzlos vorkommen, aber bei genauer und vor allem logischer Betrachtung kann man nur zu dem Schluss kommen, dass das Leben tatsächlich unpersönlich ist. Und das ist eine große Erleichterung! Es bedeutet, dass wir einen viel größeren Freiraum zur Gestaltung des eigenen Lebens haben, als wenn wir immer nur glauben, einem unsichtbaren Schurken namens „Leben“ unterworfen zu sein.

Fakt ist auch, dass es nur sehr wenig gibt, auf das man sich freuen kann, wenn man ständig glaubt, das Leben sei schlecht und habe es auf einen abgesehen. Also atmen Sie durch, schließen Sie Freundschaft mit dem Leben und freuen Sie sich über die Erkenntnis, dass es am Ende des Tages immer ganz in Ihren Händen liegt, was Sie aus sich und Ihren Möglichkeiten machen möchten.

8: Warum das Gute im Leben erstrebenswert ist

Wie wir soeben festgestellt haben, ist das Leben unpersönlich. Das ändert jedoch nichts an der Tatsache, dass es auf der Welt sowohl gute als auch schlechte Dinge gibt. Die guten Dinge sind angenehm und wir betrachten sie als eine Art „Normalzustand“. Uns fällt immer nur dann auf, wie gut das Normale eigentlich ist, wenn es uns fehlt und wir mit besonderen Herausforderungen konfrontiert werden. Erst, wenn wir krank sind, wissen wir Gesundheit wirklich zu schätzen. Erst, wenn wir von einem Mitmenschen verlassen werden, vermissen wir ihn jeden Tag besonders. Erst, wenn es Krieg und Leid auf der Welt gibt, lernen wir den wahren Wert von Frieden und Wohlstand wieder zu schätzen. Es lässt sich sehr leicht erkennen, dass das Leben immer dann besonders schwer wird, wenn das Gute nicht anwesend ist.

Genau deshalb ist es so wichtig, sich stets auf das Gute im Leben zu konzentrieren und selbst so positiv wie möglich zu sein. Es sind die guten Charaktereigenschaften der Menschen, die zu den schönsten Erlebnissen und größten Erfolgen führen: Liebe, Freundschaft, Großzügigkeit, Hilfsbereitschaft, Treue, Fleiß, Tatendrang, Ehrlichkeit und noch viele mehr. All diese Eigenschaften sorgen dafür, dass Menschen sich zueinander hingezogen fühlen. Sie helfen uns dabei, Großartiges zu leisten und über uns hinauszuwachsen. Sie fördern ein friedliches und ausgeglichenes Leben.

Auf der anderen Seite sind es die negativen Charaktereigenschaften der Menschen, die zu den schlechtesten Zuständen und Ergebnissen führen: Hass, Neid, Eifersucht, Habgier, Faulheit, Bösartigkeit, Selbstsucht und viele andere. Sie sind die Auslöser von Ungerechtigkeit, Ungleichheit, Kriegen, Elend, Not, Armut, Depression und all den anderen fatalen Folgen, mit denen wir im Alltag zu kämpfen haben.

Betrachtet man das Ganze aus dieser Perspektive, scheint es unergründlich, warum man sich auch nur einen Moment lang mit diesen negativen Eigenschaften beschäftigen sollte, nicht wahr? Tatsache ist und bleibt jedoch, dass die meisten Menschen es dennoch tun. Das untermauert übrigens auch die im vorigen Kapitel genannte These, dass das Leben selbst unpersönlich ist. Es sind die Menschen, die Positives oder Negatives hervorbringen. Geht man noch einen Schritt weiter, könnte man sogar behaupten, dass das Leben darauf ausgerichtet ist, gut zu sein. Es ist in seinem Grundzustand positiv. Um das näher zu erläutern, werde ich Ihnen im Folgenden ein paar anschauliche Beispiele geben.

Was passiert, wenn Sie sich in den Finger schneiden? Die Wunde verheilt wieder. Der menschliche Körper verfügt über erstaunliche Kräfte zur Selbstheilung, ohne dass Sie etwas dafür tun müssen. Sogar bei schwerwiegenden Verletzungen und Krankheiten ist immer wieder zu beobachten, wie die regenerative Kraft des Körpers die medizinische Behandlung unterstützt. Kann man angesichts dessen noch davon ausgehen, das Leben sei schlecht und meine es böse mit uns?

Sex ist das körperlich schönste und aufregendste Erlebnis für den Menschen. Es bringt einer Person nicht nur eine selbstbezogene Freude, sondern verbindet und vereint auch zwei Menschen. Das Resultat dieser Vereinigung ist die Zeugung eines Kindes, also neuen Lebens. Das ist ein eindeutiges Zeichen dafür, dass das Leben auf Fortschritt, Reproduktion und Erneuerung ausgelegt ist.

Ist Ihnen schon einmal aufgefallen, wie erschreckend perfekt die meisten Dinge im Leben laufen? Allein der menschliche Körper ist ein unglaublich unterschätztes Meisterwerk, in dem extrem viele höchst komplexe Bestandteile eine entscheidende Rolle spielen. All diese Bestandteile arbeiten zusammen, um uns am Leben zu erhalten und herausragende Leistungen zu ermöglichen. Dasselbe lässt sich auch bei allen möglichen unterschiedlichen Lebewesen beobachten, die ganz erstaunliche Fähigkeiten haben und uns geradezu skurril erscheinen. Genauso fallen jedes Jahr die Blätter von den Bäumen, um den Nährboden für eine baldige Erneuerung zu bilden. Daraufhin wächst und blüht das Leben wieder auf. Die Natur ist ein faszinierender und geradezu perfekter Kreislauf. Alles, was ihn unterbrechen kann, sind negative Einflüsse, wie z.B. die vorhin genannten Konsequenzen der schlechten menschlichen Eigenschaften.

Wenn man sich all das vor Augen führt und die Tiefe dieser Tatsachen begreift, wird einem auch klar, dass es niemals erstrebenswert ist, negativ zu sein. Das Gute im Leben ist allgegenwärtig und wenn man der Natur ihren freien Lauf lässt, funktioniert alles einwandfrei. Schwierig wird es immer nur dann, wenn man den positiven Kreislauf des Lebens unterbricht. Wie bereits vorhin erwähnt: Man weiß seine Gesundheit immer erst dann zu schätzen, wenn man krank ist. Genauso lernt man Harmonie immer erst dann zu schätzen, wenn Konflikte entstehen.

Aus all diesen Gründen ist es wichtig, sein Leben positiv zu leben. Es ist erstrebenswert, sein Denken auf all das Gute um uns herum auszurichten. Natürlich gibt es viele Menschen, die das nicht tun, aber weshalb sollte man sich davon beirren lassen? Jeder Mensch kann in seinem eigenen Einflussbereich am meisten bewirken. Je mehr positiv beeinflusste Bereiche es auf der Welt gibt, desto friedlicher, glücklicher und lebenswerter wird das Gesamtbild sein. So können Sie Ihren Beitrag zu einer besseren Welt leisten, indem Sie schlicht und einfach glücklich, friedlich und ausgeglichen sind.

Verabschieden Sie sich von negativen Emotionen und Eigenschaften. Mit ihnen helfen Sie weder sich selbst noch dem Rest der Welt. Wer diese simple Grundlage verinnerlicht, wird bei seiner Persönlichkeitsentwicklung hervorragende Fortschritte genießen.

9: Ängste sind nur Gedanken

Das Thema „Angst“ ist heikel und möchte vorsichtig behandelt werden. Während die Einen unter kleineren Phobien leiden, die sie früher oder später in den Griff bekommen wollen, haben Andere mit schwerwiegenden Angststörungen und Panikattacken zu kämpfen, die ihnen jegliche Lebensqualität rauben. Deshalb ist es mir ein Anliegen, zu Beginn dieses Kapitels den folgenden Rat auszusprechen: Nutzen Sie Bücher und Ratschläge immer nur als positive Unterstützung bei der Bekämpfung Ihrer Ängste. Sollten Sie unter ernsthaften Angststörungen leiden, ist eine therapeutische Unterstützung immer die erste und richtige Wahl.

Unabhängig davon ist es erstaunlich, wie stark man selbst Einfluss auf seine Ängste nehmen kann. Ich behaupte sogar, dass es möglich ist, die allermeisten Ängste und Phobien relativ schnell zu besiegen. Die Voraussetzung dafür ist, dass man ihre Ursachen kennt, versteht und sie an ihren Wurzeln anpackt.

Ganz einfach gesagt, ist Angst ein Warnmechanismus des Körpers, der uns vor Gefahren schützen soll. Von Natur aus sind wir Menschen mit zwei Grundängsten ausgestattet: Der Angst vor dem Fallen und der Angst vor lauten, plötzlichen Geräuschen. Die Sinnhaftigkeit dessen reicht weit zurück in die Vergangenheit bis hin zu unseren Vorfahren. Diese mussten in der Wildnis überleben, wo jeder Sturz tödlich sein konnte und jede potenzielle Gefahr frühzeitig erkannt werden musste. Sobald Angst durch einen dieser Faktoren ausgelöst wird, schüttet der Körper Adrenalin aus, wodurch wir sofort bereit zum Kampf oder zur Flucht sind. Diese äußerst effektiven Warnsysteme haben es unseren Vorfahren ermöglicht, zu überleben und sich weiterzuentwickeln.

Auch heute funktionieren unsere Warnsysteme auf dieselbe Weise. Allerdings hat sich das Spektrum der Ängste stark weiterentwickelt. Wir können uns vor sehr vielen Dingen fürchten. Es gibt Menschen, die panische Angst vor dem Autofahren haben, aber die Herausforderung eines Fallschirmsprungs lieben. Gleichzeitig fürchten sich andere vor der Gefahr des freien Falls, aber haben kein Problem mit einer Autofahrt. Tatsächlich gibt es keine Angst, die es nicht gibt. Doch wie kann das sein?

Die meisten unserer Ängste basieren auf Fehlinformationen. Diese Fehlinformationen entstehen bei Misserfolgen oder traumatischen Erlebnissen. Hier ist ein simples Beispiel: Sie haben einmal ein Konzert besucht und sind inmitten einer großen Menschenmenge ohnmächtig geworden. Niemand hat Ihnen geholfen und Sie wären beinahe zu Tode getrampelt worden. Ganz eindeutig eine grausame Erfahrung. Seit diesem Vorfall fürchten Sie sich vor großen Menschenmengen und werden immer nervös, wenn Sie in der Innenstadt oder in einem vollen Einkaufszentrum sind. Die Angst schränkt Ihre Lebensqualität ein. Da in Angstsituationen Adrenalin ausgeschüttet wird, sind Sie extrem aufgedreht und wollen nur noch aus der Situation fliehen. Ihr Fluchtinstinkt wurde ausgelöst.

Selbstverständlich ist es in der Regel ungefährlich, einkaufen zu gehen oder in der Innenstadt zu bummeln. Da Ihr Unterbewusstsein Ihre traumatische Erfahrung jedoch mit dem Gefühl der Angst verknüpft, wird jedes Mal automatisch ein falscher Alarm in Ihnen gezündet, wenn Sie unter vielen Menschen sind. Die einzige Möglichkeit sich davon zu befreien ist, die Fehlinformation zu überschreiben und sich selbst zu beweisen, dass die Angst nicht gerechtfertigt ist. Dass das Ganze in der Praxis schwieriger als in der Theorie ist, steht außer Frage. Deshalb ist therapeutische Unterstützung bei der Bewältigung von Ängsten so wertvoll!

Aber wie kann man denn, zumindest in der Theorie, Ängste überwinden? Der erste Ansatz ist, sich klarzumachen, dass die Angst, unter der man leidet, nur ein Gedanke ist, der auf einer Fehlinformation beruht. Das, wovor Sie sich fürchten, ist in Wirklichkeit nicht gefährlich für Sie und dafür können Sie viele gute Gründe finden. Anschließend braucht Ihr Unterbewusstsein einen praktischen Beweis. In unserem Beispiel würde das bedeuten, dass Sie eine Menschenmenge aufsuchen müssen, um die Angst zu provozieren. Sobald das Gefühl der Angst einsetzt, ist es wichtig, diese Angst auszuhalten. Man muss sich selbst beweisen, dass eben nicht die Katastrophe eintritt, vor der man sich fürchtet. Nach wenigen Minuten begreift das Bewusstsein dann, dass tatsächlich noch nichts passiert ist und die Anspannung löst sich. Indem man sich selbst diesen positiven Beweis immer wieder erbringt, lernt das Unterbewusstsein Stück für Stück, dass die bisherige Angst nur eine Fehlinformation war. Die ehemalige Angstsituation wird wieder als „nicht gefährlich“ eingestuft.

Die weisesten Menschen der Geschichte haben nicht umsonst immer gesagt, dass man sich seinen Ängsten stellen muss, um sie zu besiegen. Das kann mitunter sehr unangenehm sein, aber ist es nicht noch viel schlimmer, sein ganzes Leben lang seinen Ängsten ausgeliefert zu sein? Wer sich nach mehr Lebensqualität sehnt, muss seine Ängste hinter sich lassen.

Alleine mit diesen theoretischen Grundlagen können Sie bereits viele der Hürden Ihres Alltags in Angriff nehmen und lang gehegte Ängste besiegen. Ich wünsche Ihnen viel Erfolg dabei.

10: Wie Sie Ihre Gedanken reinigen

Stellen Sie sich eine Schale voller verschmutztem Wasser vor. Das einst so klare Wasser darin ist getrübt durch den Dreck, der sich mit der Zeit am Boden der Schale abgesetzt hat. Welche Maßnahme würden Sie ergreifen, um die Schale und das Wasser darin zu reinigen? Sie würden sie waschen. Sie würden frisches, sauberes Wasser hinzufügen, um den Schmutz herauszuspülen, da dies die einfachste und effizienteste Methode ist, um das Problem zu lösen. Das Ganze ist so banal, dass Sie sich vermutlich fragen, warum ich Ihnen gerade überhaupt dieses Sinnbild präsentiere.

Sie können sich Ihre Gedankenwelt ebenfalls als Schale voller Wasser vorstellen. Wir betreten diese Welt unvoreingenommen, mit einer leeren Schale. Im Laufe des Heranwachsens lernen wir schließlich verschiedene Einflüsse kennen, sowohl positive als auch negative. Es fließt klares Wasser in die Schale, aber auch Schmutz. Sobald wir einen Grad höherer geistiger Reife erlangen, entscheidet unsere gedankliche Ausrichtung maßgeblich darüber, ob wir eine positive oder negative Lebenseinstellung haben. Haben wir viel Negatives erfahren, ist das Wasser in der Schüssel trüb. In diesem Fall fällt es uns schwer, optimistisch zu sein und das Leben von seiner besten Seite zu betrachten. Wurde die Schüssel jedoch mit vielen positiven Impulsen, also klarem Wasser gefüllt, verspricht das eine fröhliche Lebenseinstellung, gesunden Optimismus und eine hohe Lebensqualität.

In der klassischen Psychologie macht man die Erfahrungen der Kindheit und Jugend dafür verantwortlich, wie das spätere Leben eines Menschen sich entwickelt. Mit Sicherheit ist da viel Wahres dran. Man sollte jedoch auch betonen, dass man niemals seiner aktuellen Situation ausgeliefert ist. Das heißt: Nur, weil man eine schwierige Kindheit hatte, bedeutet das nicht, dass das ganze Leben schwer sein muss. Genauso ist eine schöne Kindheit kein Garant für ein erfolgreiches und ausgeglichenes Leben. Das Leben findet immer in der Gegenwart statt und im Hier und Jetzt kann es sowohl zum Guten als auch zum Schlechten beeinflusst werden.

Wenn Sie einen objektiven Blick auf sich und Ihre Situation werfen und dabei feststellen, dass Ihre Gedankenwelt eher einer Schale mit trübem und schmutzigen Wasser gleicht, ist das keine Katastrophe. Das heißt nicht, dass Sie nichts mehr daran ändern können. Ganz im Gegenteil! Denken Sie an die eingangs erwähnte Maßnahme zur Reinigung der Schale. Was müssen Sie tun, um eine negative Lebenssituation, bzw. ein pessimistisches Mindset ins Positive umzukehren? Richtig, Sie müssen Ihren Geist mit möglichst vielen glücklichen und positiven Impulsen füllen. Das mag vielleicht esoterisch klingen, ist deshalb aber nicht weniger wirksam.

Fügen Sie Ihrem Geist Stück für Stück positive Gedanken und Eindrücke zu. Fangen Sie an, optimistisch zu denken. Sehen Sie das Gute in allen Dingen um Sie herum und versteifen Sie sich nicht immer nur auf das, was Ihnen nicht gefällt. Seien Sie dankbar für Ihr Leben und all Ihre Möglichkeiten, auch wenn Sie hin und wieder mit Herausforderungen zu kämpfen haben. Legen Sie Wert auf einen herzlichen und freundschaftlichen Umgang mit Ihren Mitmenschen. Konflikte haben noch niemals jemanden wirklich bereichert. Gehen Sie unnötigen Streitereien aus dem Weg und fangen Sie an, Ihr Leben zu genießen. Sie wurden schließlich nicht geboren, um dauerhaft zu leiden.

Jeder gute Gedanke, jede positive Emotion und jeder noch so kleine Erfolg sind wie ein Tropfen klaren Wassers, der Ihrer Gedankenschale hinzugefügt wird. Mit jedem einzelnen Tropfen reinigen Sie Ihr Denken etwas mehr. Das wünschenswerte Ziel ist es, irgendwann über eine vollkommen reine Schale zu verfügen. Der Realist in uns weiß natürlich, dass es so gut wie unmöglich ist, dieses Ideal zu erreichen. Danach zu streben, kann jedoch einen großen Unterschied ausmachen! Auf unser Beispiel übertragen bedeutet das: Eine leicht verschmutzte Schale ist immer noch viel besser als eine stark verschmutzte. Dass wir im Alltag immer wieder negativen Einflüssen begegnen, ist kein Grund, das Streben nach mehr Lebensqualität aufzugeben.

Denken Sie immer daran, dass Sie die Kontrolle über Ihre Gedanken haben. Am Ende des Tages liegt es ganz bei Ihnen, ob Ihr Mindset Sie motiviert oder herunterzieht. Sie können sich das tatsächlich aussuchen. Das ist nicht zu schön, um wahr zu sein. Niemand anderes kann Ihre Gedankenwelt kontrollieren. Niemand sollte darüber entscheiden können, was Sie in die Schüssel hineingeben oder auch nicht. Je positiver Sie leben, desto besser wird Ihr Leben sich auch entwickeln. Natürlich wird es kurzzeitig auch immer wieder unerwartete Rückschläge geben. So ist das Leben. Was zählt, ist jedoch das langfristige Ergebnis. Fangen Sie also heute noch an, Ihre Schale zu reinigen.

11: Wehren Sie sich nicht gegen das Unvermeidliche

Viele Menschen fürchten sich vor Veränderungen. Es ist einfach unbequem, wenn sich Dinge innerhalb der Komfortzone anders entwickeln, nachdem man es sich gerade erst gemütlich gemacht hat. Für viele ist das Leben völlig in Ordnung, wie es ist. Warum sollte sich da noch etwas verändern?

In erster Linie ist es nicht nötig, über die Sinnhaftigkeit von Veränderungen zu argumentieren. Fakt ist nämlich, dass sie unvermeidlich sind. Die Veränderung ist ein fester Bestandteil der Weiterentwicklung und da die Zeit niemals stehen bleibt, unterliegt ausnahmslos alles im Leben einem völlig normalen und logischen Fortschritt. Veränderungen bleiben dabei natürlich nicht aus.

Ob Sie es wollen oder nicht: Sie verändern sich ununterbrochen. Ihr Körper ist ein hervorragendes Beispiel dafür. Ihre Haare wachsen, Ihre Wunden heilen und es erneuern sich ständig zahlreiche Zellen in Ihnen. Diese Vorgänge sind lebensnotwendig! Genauso entwickeln sich Ihr Verstand und Ihr Bewusstsein fortwährend weiter. Sie machen Erfahrungen, speichern Erinnerungen, nehmen neue Informationen auf und verarbeiten diese, um Ihre Meinungen zu den verschiedensten Dingen anzupassen. Diese Veränderungen optimieren Ihre geistigen Fähigkeiten und verbessern somit Ihre Lebensqualität.

Bei genauerer Betrachtung ist die Veränderung also unser Verbündeter. Sie ist ein entscheidender Bestandteil unserer persönlichen Weiterentwicklung. Wieso sollten wir uns also gegen sie sträuben?

Wir Menschen fürchten das Unbekannte. Wir benötigen in der Regel eine bestimmte Zeit, um uns an Situationen und Umstände zu gewöhnen. Sobald wir uns dann sicher fühlen, wollen wir uns nicht mit neuen Situationen konfrontieren. Wir sehen einfach keinen Grund dazu. Dieser Überzeugung steht jedoch gegenüber, dass Veränderungen ohnehin unvermeidlich sind. Es macht das Leben also wesentlich leichter, der Weiterentwicklung die Hand zu reichen und sich nicht ständig den Kopf wegen eines Phänomens zu zerbrechen, das den Gesetzen des Lebens unterliegt.

In Liebesbeziehungen kann man zum Beispiel oft erkennen, dass die Partner sich in verschiedene Richtungen entwickeln. Sie entwickeln unterschiedliche Lebenseinstellungen, Interessen oder auch Vorstellungen von einer erfüllenden Partnerschaft. Häufig lässt sich diese entstehende Kluft auch nicht mehr durch Kompromisse schließen und die Beteiligten erkennen, dass die Beziehung keine Zukunft mehr hat. Alles, was die beiden dann noch verbindet, ist die Angst vor der Trennung. Die Beziehung aufzulösen, stellt schließlich eine große Veränderung des alltäglichen Lebens dar. Und so kommt es, dass die meisten einfach weiterhin zusammenleben, um diesen unangenehmen Veränderungen aus dem Weg zu gehen. Ihr Frust wächst, da sie schließlich eine nicht erfüllende Partnerschaft durchleben, während die

Lebensqualität sinkt. Wäre es da nicht einfacher und ehrlicher, sich den Konsequenzen einer völlig normalen Entwicklung zu beugen, die Veränderung hinzunehmen und einen Schlussstrich zu ziehen? Natürlich ist das mit Unsicherheit, Ängsten und emotionalen Schmerzen verbunden. Ewig in der falschen Partnerschaft festzustecken, ist jedoch ein ewiger emotionaler Krampf. Man hat also die Wahl: Lieber ein Ende mit Schrecken oder ein Schrecken ohne Ende?

Dies ist nur eines von vielen Beispielen, das veranschaulicht, wie viel Lebensqualität uns die Angst vor Veränderungen rauben kann. Die Welt unterliegt einem stetigen Wandel. Schauen Sie sich einmal an, wie alles vor nur 30 Jahren aussah. Die Technologie war auf einem (aus heutiger Sicht) lächerlichen Niveau, die damals angesagte Mode treibt uns heute die Schamesröte ins Gesicht und sogar Sitten, Gebräuche und Tabus haben eine Veränderung erlebt. Inmitten dieser sich weiterentwickelnden Welt ist es nahezu unmöglich, stehenzubleiben und nicht mit der Zeit zu gehen.

Blicken Sie doch einfach mal 5 Jahre weit zurück auf Ihr altes Ich. Was hat sich seitdem verändert? Wie war Ihre Lebenseinstellung? Wie war Ihre soziale und existenzielle Situation im Vergleich zu heute? Wie stand es um Ihre Persönlichkeitsentwicklung? Wer waren die 5 Menschen, zu denen Sie den intensivsten Kontakt hatten? Sind es dieselben Menschen wie heute? Anhand solcher Vergleiche können Sie erkennen, dass Veränderungen völlig normal sind und sich ganz automatisch vollziehen.

Haben Sie also keine Angst, wenn Sie den Job wechseln, in eine andere Stadt ziehen, sich ein neues Auto kaufen oder erstaunt feststellen, dass die Welt sich verändert. Denken Sie einfach immer daran, dass Veränderungen ein fester Bestandteil des Fortschritts sind. Verschwenden Sie keine Zeit und Energie mit dem Kampf gegen das Unvermeidliche. Seien Sie stattdessen aufgeschlossen und erkennen Sie, welche Chancen mit jeder neuen Veränderung einhergehen.

12: Das einmalige Werkzeug, das gepflegt werden will

Es ist immer wieder erstaunlich, mit wie viel Hingabe wir Menschen unsere materiellen Besitztümer pflegen. Manche mieten für ihr Auto eine teure Garage, putzen und polieren es regelmäßig, stecken viel Zeit in die fachgerechte Wartung und geben außerdem viel Geld für die besten Kraftstoffe aus. Andere sind ganz hingerissen von ihrem technischen Equipment und beschäftigen sich in jeder freien Minute damit. Außerdem gibt es die unterschiedlichsten Hobbies mit den verschiedensten Gerätschaften, die alle viel Aufmerksamkeit und Liebe erfordern. All das machen wir aus Leidenschaft und das ist vermutlich auch gut so. Es gibt uns nicht nur eine für uns sinnvolle Beschäftigung, sondern auch einen Sinn für Dankbarkeit und Wertschätzung.

Angesichts all dessen ist es unfassbar, wie wenig Aufmerksamkeit, Pflege und Wertschätzung wir unserem allerwichtigsten Besitz zukommen lassen: Unserem Körper. Wenn wir davon ausgehen, dass der Körper die Hülle ist, die unsere Seele oder unseren Geist beherbergt, dann ist er das kostbarste Gefäß überhaupt. Wenn unser Geist unsere Gedanken steuert und der Körper sie ausführt, dann ist der Körper das Werkzeug, mit dem wir den Alltag bewältigen. Er ist wesentlich wartungs- und pflegeintensiver als jedes Auto oder jeder andere Besitz. Dennoch erhält er bei den allermeisten Menschen nicht annähernd die Hingabe, die er benötigt, um einwandfrei zu funktionieren und nicht zu erkranken.

Wir ernähren uns ungesund. Die fertig zubereiteten Nahrungsangebote aus den Supermärkten sind voll mit Zucker und chemischen Zusätzen. Wir greifen auf fettiges und ungesundes Fast Food zurück, das unsere Lebenserwartung drastisch reduziert. Dabei ist die Nahrung, die wir zu uns nehmen, der Treibstoff, der uns am Laufen hält. Gesunde Ernährung ist für die meisten langweilig und ein schwieriges Thema. Dabei ist sie der Schlüssel zu einem langen, gesunden und vor allem vitalen Leben.

Der Zustand unseres Körpers entscheidet in direkter Weise über unsere Lebensqualität. Erschreckend viele Menschen auf der Welt sind stark übergewichtig, was nicht nur ihre Anfälligkeit für Krankheiten erhöht, sondern auch die Qualität ihres alltäglichen Lebens enorm einschränkt. Als wäre all das noch nicht genug, ist ein zu hohes Körpergewicht in sehr vielen Fällen auch der Auslöser für Depressionen und andere psychische Erkrankungen. Ist es angesichts all dessen nicht erstrebenswert, seinen Körper mindestens genauso intensiv und liebevoll zu pflegen, wie seine teuersten materiellen Besitztümer?

Wenn etwas zu lange steht und nicht ordnungsgemäß benutzt wird, wird es starr. Das ist bei uns Menschen nicht anders. Wie heißt es so schön: Wer rastet, der rostet. Sie müssen nicht von heute auf morgen zu einem absolut durchtrainierten Athleten werden. Sie sollten jedoch ernsthaft in

Erwägung ziehen, sich regelmäßig sportlich zu betätigen. Dabei geht es nicht nur darum, sein Leben zu verlängern. Es geht vor allem darum, mehr Vitalität zu erlangen und die allgemeine Lebensqualität zu verbessern. Ein gesünderer Körper erleidet weniger Schmerzen und ist kräftiger. Dadurch fallen Ihnen die meisten Aufgaben und Herausforderungen des Tages leichter. Außerdem haben zahlreiche Studien bewiesen, dass eine bessere körperliche Gesundheit auch Ihren Geist stärkt. So werden Sie zum Beispiel stressresistenter. Darüber hinaus seien noch die zahlreichen positiven Auswirkungen auf Ihre Psyche und Ihr Selbstwertgefühl erwähnt. Mit einem schlanken und gesunden Körper fühlen Sie sich wohler in Ihrer Haut. Sie sind insgesamt ausgeglichener und gelassener, was wiederum die Weiterentwicklung in vielen anderen Bereichen der Persönlichkeitsentwicklung erleichtert.

Bei einer gesunden Ernährung geht es nicht nur darum, schlank zu bleiben. Viel wichtiger ist die Lebensenergie, die Sie dadurch gewinnen. Wenn Sie sich vermehrt unausgewogen, einseitig oder fetthaltig ernähren, fühlt Ihr Körper sich schwach an. Sie sind oft antriebslos und haben Schwierigkeiten, in den Tag zu starten. Es sind sich sogar viele Wissenschaftler einig darin, dass eine solche Ernährung zur Entwicklung von Depressionen beiträgt. Auf der anderen Seite sorgt eine gesunde, ausgewogene, zuckerarme und proteinreiche Ernährung dafür, dass Sie sich stets stark und vital fühlen. Sie haben vermehrt gute Laune und Lebenskraft, die Sie im Alltag umsetzen. Dadurch haben Sie automatisch mehr Erfolgserlebnisse, die den Fortschritt Ihrer Persönlichkeitsentwicklung unterstützen. Wie Sie sehen, führt das Ganze zu einer Verkettung positiver Konsequenzen, die Sie sich nicht entgehen lassen sollten.

Es ist völlig in Ordnung, wenn Sie wertvolle Gegenstände in Ihrem Besitz haben, die Sie gerne mögen und entsprechend pflegen. Machen Sie sich aber angesichts dessen auch immer wieder Gedanken über Ihren wertvollsten Besitz von allen: Ihren Körper. Je besser Sie ihn pflegen, desto leichter und qualitativer wird Ihr Leben. Jeder Mensch, der sich für einen gesünderen und aktiveren Lebensstil entscheidet, berichtet von den unglaublichen positiven Veränderungen, die sich bereits nach kurzer Zeit einstellen. Überzeugen Sie sich selbst davon!

13: Warum es nicht schlimm ist, wenn Sie scheitern

Im Leben stoßen Sie immer wieder auf Gelegenheiten, die der Schlüssel zu einer großen Veränderung zum Positiven sein könnten. So treffen Sie zum Beispiel in einem Café eine besonders attraktive Frau oder einen besonders charismatischen Mann und entwickeln das Bedürfnis, diesen Menschen kennenzulernen. Genauso kann Ihnen morgens unter der Dusche eine hervorragende Geschäftsidee in den Sinn kommen, die alles in den Schatten stellen würde, was Sie bisher gemacht haben. Auch passiert es oft, dass Menschen sich spontan fragen, wie ihr Leben sich wohl verändern würde, wenn sie einen neuen Job annehmen oder sogar an einen ganz neuen Ort ziehen würden. Was als vielversprechender Impuls beginnt, überlebt häufig nur wenige Momente, denn ehe es zu einer entscheidenden Handlung kommt, keimt auch schon ein alter Bekannter auf: Die Angst vor dem Scheitern.

Es ist die Angst vor dem Scheitern, die uns um zahlreiche wertvolle Chancen im Leben bringt. Mit Sicherheit kennen Sie das auch. Wie viele Veränderungen zum Positiven haben Sie sich bereits entgehen lassen, weil Sie befürchtet haben, etwas könnte schief gehen?

Wir sprechen den attraktiven Menschen im Café nicht an, weil wir uns nicht blamieren wollen. Wir arbeiten diese wertvolle Geschäftsidee nicht aus, weil wir Angst vor einer finanziellen Niederlage haben und befürchten, das zu verlieren, was wir bereits haben. Wir ziehen an keinen neuen Ort und suchen uns keinen neuen Job, weil wir denken, dass es uns in der neuen Umgebung noch schlechter gehen könnte. Alles in allem ist es also immer wieder diese Angst vor Rückschlägen, die uns zurückhält und Fortschritte verhindert.

An dieser Stelle muss ich betonen, dass Vernunft eine durchaus gute Eigenschaft ist. Es ist vernünftig, die Risiken seines Handelns abschätzen zu können, bevor man blindlings eine Entscheidung trifft. Fakt ist jedoch auch, dass Entscheidungen getroffen werden müssen, wie Sie ja schon in Kapitel 11 erfahren haben. Wer niemals Entscheidungen trifft, kommt im Leben überhaupt nicht weiter. Das ist eine sichere Garantie für Unzufriedenheit, Frustration, Unglück und Misserfolg.

Wenn Sie einen Versuch wagen, können Sie scheitern. Das ist klar. Wenn Sie jedoch gar nicht erst einen Versuch wagen, scheitern Sie von Anfang an. Sie stehen jedem möglichen Erfolg im Weg und behindern Ihre eigene Weiterentwicklung.

Sogar Kinder begreifen dieses simple Prinzip intuitiv! Konnten Sie als Kleinkind bereits nach dem ersten Aufstehen laufen? Oder sind Sie nicht eher zahlreiche Male hingefallen, bevor es Ihnen gelungen ist, die Balance zu halten? Haben Sie bereits beim ersten Versuch das Fahrradfahren erlernt? Oder gab es hier nicht auch ein paar schmerzhafte Lektionen, die Sie gelehrt haben, wie es richtig geht? Haben Sie jemals ein Instrument in die Hand genommen und es auf Anhieb perfekt gespielt? Natürlich nicht. Man sagt ja nicht umsonst, dass noch kein Meister vom Himmel gefallen ist. Rückschläge gehören zum Leben dazu. Sie sind eine Grundvoraussetzung für jeden Erfolg.

Wir müssen scheitern, um zu lernen, wie etwas wirklich funktioniert. Je öfter etwas nicht klappt, desto mehr Informationen erhalten wir über dieses Vorhaben. Wenn Möglichkeit A zu keiner Lösung geführt hat, dann können Sie diese getrost aus dem Maßnahmeplan streichen. Das ist keine Niederlage, sondern ein Fortschritt! Es ist ein waschechter Erfolg.

Lassen Sie uns noch einmal einen Blick auf unsere eingangs erwähnten Beispiele werfen: Wenn Sie einen attraktiven Menschen in einem Café ansprechen, können Sie nur gewinnen. Entweder gewinnen Sie die Freundschaft dieser Person oder Sie gewinnen die Erkenntnis, dass Sie nicht zu diesem Menschen passen. Wagen Sie den Versuch erst gar nicht, bleiben Sie immer mit der Ungewissheit zurück. Sie werden sich ewig fragen, was aus der Sache geworden wäre und selbstverständlich werden Sie Ihre Untätigkeit später bereuen.

Genauso verhält es sich auch bei einer besonders vielversprechenden Geschäftsidee. Natürlich kann das nach hinten losgehen. Natürlich können Sie dabei Geld verlieren. Aber selbst, wenn dieser Fall eintritt, haben Sie wertvolle Lektionen über die Geschäftswelt gelernt und wissen beim nächsten Mal entweder, worauf Sie besonders achten müssen oder Sie lernen daraus, dass Sie nicht für die Selbstständigkeit gemacht sind. So wissen Sie die Vorzüge Ihres alten Arbeitnehmerverhältnisses wieder mehr zu schätzen. Wagen Sie diesen Schritt nicht, werden Sie auch hier wieder ewig in der Ungewissheit verharren.

Und ja, auch bei einem Jobwechsel, einem Umzug und allen anderen erdenklichen Dingen werden Sie immer wieder auf dieses Prinzip stoßen. Haben Sie keine Angst vor dem Scheitern. Haben Sie Angst davor, eines Tages aufzuwachen und sich zu fragen, was Sie eigentlich aus Ihrer kostbaren Lebenszeit gemacht haben. In diesem Sinne: Viel Erfolg!

14: Mit schlechten Gedanken schaden Sie niemandem – außer sich selbst!

Herzlich willkommen im 21. Jahrhundert, in dem Sie auf Knopfdruck mit schlechten Nachrichten versorgt werden. Ein kurzer Blick auf unser Smartphone kann bereits genügen, um mit der Gesamtheit aller Konflikte auf unserem schönen Planeten konfrontiert zu werden. Sie haben jederzeit Zugang zu allen möglichen Nachrichten, Informationsportalen und natürlich zu den sozialen Medien, die für eine noch breitere Streuung sorgen. Infolgedessen beschäftigen Sie sich permanent mit Problemen und Sorgen, die Ängste schüren. Den Wahrheitsgehalt all dieser multimedialen Meldungen werden wir für den Moment einfach mal außen vorlassen. Tatsache ist, dass Ihr Bewusstsein mit negativen Gedanken angefüllt wird und wenn Sie sich an unsere Metapher mit der Wasserschale erinnern, wissen Sie ja bereits, wozu das führt.

Das ist jedoch noch nicht alles. In Ihrem Alltag steckt viel Konfliktpotenzial, das Sie in den unterschiedlichsten Situationen erkennen. Denken Sie zum Beispiel an den Klassiker aus dem Straßenverkehr: Sie sind in Ihrem Auto unterwegs und es nimmt Ihnen jemand die Vorfahrt. Sie ärgern sich darüber, denn schließlich hat gerade jemand Fremdes Ihre Gesundheit gefährdet. Sie fragen sich, wie man nur so verantwortungslos sein kann und sind noch den ganzen Tag lang wütend. Später erzählen Sie dann noch Ihren Freunden und Ihrer Familie von dem unerfreulichen Vorfall. Während

Sie und andere sich über dieses rücksichtslose Verhalten ärgern, ist die besagte Person bereits über alle Berge und lebt ihr Leben munter weiter. Vermutlich hat sie nicht einmal bemerkt, dass sie Ihnen die Vorfahrt genommen hat. Dieser Mensch ist unbehelligt, glücklich und veranstaltet gerade womöglich eine Grillparty, während Sie und Ihre Mitmenschen sich immer noch über einen Fehler aufregen, den Sie überhaupt nicht begangen haben.

Buddha soll einmal gesagt haben, auf andere wütend zu sein, sei so, als würde man Gift trinken und darauf warten, dass ein anderer davon stirbt. Es ist schon erstaunlich, wie viel Wahres in dieser simplen Aussage steckt. Das lässt sich sehr gut an unserem Beispiel aus dem Straßenverkehr erkennen. Ein anderer Mensch begeht einen Fehler und Sie vergiften sich mit dem daraus resultierenden Ärger. Sie haben schlechte Laune, stecken andere damit an und bekommen womöglich noch Magenschmerzen vor Wut. Weil Sie so negativ sind, können Sie den Tag nicht mehr genießen. Ein wildfremder Mensch hat es geschafft, innerhalb weniger Sekunden Ihren gesamten Tag zu ruinieren und sich sogar in die Gedanken Ihrer Freunde einzuschleichen. Spätestens jetzt ist klar ersichtlich, warum Verantwortung Macht ist. Wenn Sie keine Verantwortung für Ihre Gedanken und Handlungen übernehmen, haben andere so viel Macht über Sie.

Denken Sie immer an Ihren eigenen Einflussbereich. Sie können andere Menschen nicht besser machen. Sie können höchstens ein gutes Vorbild sein und hoffen, dass man sich ein Beispiel an Ihnen nimmt. Ein gutes Vorbild sind Sie, indem Sie besonnen bleiben und sich nicht aus der Ruhe bringen lassen. Mit schlechten Gedanken schaden Sie niemandem, außer sich selbst. Sie sind die Person, die mit Ärger und Magenschmerzen zurückbleibt.

Die schlechten Gedanken, die durch den Konsum der allgegenwärtigen Medien in Ihnen aufkeimen, bleiben genauso bei Ihnen. Sie können sie nicht an andere abtreten, erst recht nicht an die Verantwortlichen. Also was machen Sie mit dem ganzen Kummer? Ihn herunterschlucken? Wollen Sie wirklich so leicht zu beeinflussen sein?

Es gibt so viele Menschen, die sich über das politische und wirtschaftliche Geschehen auf der Welt aufregen. Das ist einerseits verständlich, da diese Vorgänge uns alle betreffen. Aber betrachten Sie das Ganze völlig objektiv: Was verändert sich durch all diesen Ärger? Wer erleidet die Konsequenzen all dessen? Am Weltgeschehen wird sich ganz sicher nichts ändern. Das nimmt auch weiterhin seinen Lauf. Alles, was sich verändert, ist die Lebensqualität der Person, die sich fortwährend über Dinge beschwert, die außerhalb ihres Einflussbereichs liegen. Es ist wichtig, diese Wahrheit zu verstehen und anzuerkennen.

Sie können sich nur selten aussuchen, womit Sie konfrontiert werden. Sie können sich jedoch immer aussuchen, wie Sie damit umgehen. Die Art und Weise, wie Sie verschiedene Situationen aufnehmen und verarbeiten, entscheidet maßgeblich über Ihre allgemeine Lebensqualität. Machen Sie sich nicht für die Fehler anderer verantwortlich. Lassen Sie sich davon nicht herunterziehen und gehen Sie erst gar nicht so weit, auch andere Unbeteiligte zu involvieren, indem Sie sie mit Ihrer schlechten Laune anstecken.

Das heißt nicht, dass Ihnen von nun an alles egal sein soll und muss. Es heißt lediglich, dass Sie lernen sollten, besser zu differenzieren. Es gibt ernsthafte Probleme und Herausforderungen in Ihrem Leben, die Ihrer Aufmerksamkeit bedürfen. Genauso gibt es Nichtigkeiten, die von anderen verursacht werden. Mit diesen sollten Sie sich gar nicht erst lange beschäftigen. Dadurch ist Ihre Gedankenwelt weniger belastet und Sie haben mehr gedanklichen Freiraum für die echten Herausforderungen, die bewältigt werden wollen.

#15 Wie Sie sich und andere befreien

Eines der folgenden Szenarien wird Ihnen sicherlich bekannt vorkommen: Sie denken an eine bestimmte Person und bekommen urplötzlich ein unangenehmes Gefühl in der Magengegend. Sie laufen beim Spaziergang durch die Innenstadt einem bestimmten Menschen über den Weg und fühlen sich sofort unwohl. Manchmal reicht eine simple Erinnerung an einen Menschen, um Ihnen gesamten Tag zu verderben. Das ist völlig normal und passiert früher oder später jedem von uns. Es bedeutet schlicht und einfach, dass es mindestens eine Person in Ihrem Leben gibt, mit der Sie furchtbare Erfahrungen gemacht haben.

Eine so tiefe emotionale Verwundung hat auch immer eine schwerwiegende Ursache. Vielleicht wurden Sie von einem Mitmenschen, dem Sie sehr vertraut haben, belogen oder hintergangen und vielleicht ist sogar noch Schlimmeres passiert. Auf jeden Fall sitzt der Vorfall so tief in Ihnen, dass Sie Ihr Leben lang Hass, Trauer, Angst, Enttäuschung oder einfach nur das Bedürfnis nach Rache verspüren. Was auch immer die Hintergründe Ihrer Verwundung sind und welche Gefühle Sie auch immer heute empfinden: Sie sollten all das loslassen. Für immer. Ohne etwas dafür im Gegenzug zu erhalten. Im Folgenden werde ich Ihnen erklären, wie und warum Sie davon profitieren werden.

Wir haben uns bereits im vorherigen Kapitel damit auseinandergesetzt, dass schlechte Gedanken am Ende des Tages niemandem schaden außer Ihnen. Es ist also egal, welche negative Empfindung sie bezüglich eines bestimmten Menschen haben: Sie schaden immer nur sich selbst damit. Unter Umständen mag Ihre Missgunst auch jene Menschen verletzen, die Sie bestrafen wollen, aber der Preis, den Sie dafür zahlen, ist hoch. Sie zahlen mit Ihrer Lebensqualität, um Ihr Bedürfnis nach Ausgleich, Vergeltung oder Bestrafung zu stillen. Das Ganze lässt sich auch feinfühliger lösen.

Eines der wichtigsten Prinzipien der Persönlichkeitsentwicklung ist, die hohe Priorität der Gegenwart zu begreifen. Das Leben findet ausschließlich jetzt statt. Wenn Sie mit den Gedanken ständig in der Vergangenheit verweilen, verpassen Sie das Leben um sich herum, das gerade in diesem Augenblick stattfindet. Was hinter Ihnen liegt, ist vorbei. Die Schrecken der Vergangenheit können Ihnen nur noch deshalb schaden, weil Sie es zulassen. Sie bringen sie mit in das Jetzt. Und solange Sie diese unangenehmen Erinnerungen mit einer bestimmten Person verbinden, können Sie sie auch nicht loslassen. Das heißt im Klartext: Solange Sie einem Menschen seine Fehler nicht vergeben, können auch Sie nicht mit dem Geschehenen abschließen. Es wird Sie immer verfolgen und immer an Ihnen haften bleiben.

Bis hierhin wirkt alles schlüssig und logisch. Es ist mit Sicherheit in Ihrem Interesse, endlich loszulassen, unbeschwerter zu leben und nie wieder bei bestimmten Gedanken einen Stich in der Magengegend zu verspüren. Da bleibt aber immer noch das Problem, dass es sich ungerecht anfühlt, loszulassen. Wenn Sie jemandem seine Fehler vergeben, lassen Sie ihn ungestraft davonkommen. Sie mussten leiden, während der Verursacher dieses Leids keine Bestrafung dafür erhält und ganz normal weiterleben kann. Die meisten Menschen können das nicht auf sich sitzen lassen und verharren deshalb auf ihrem Standpunkt. In diesem Fall sollten Sie einige wichtige Gedanken berücksichtigen, die Ihnen nicht nur beim Erlangen von mehr Lebensqualität helfen, sondern Sie auch davor bewahren, schwerwiegende Fehler zu begehen.

Zu allererst sollten wir festhalten, dass kein negatives Ereignis rückgängig gemacht werden kann. Die Zeit ist eine Einbahnstraße, die kein Zurück erlaubt. Man kann die Fehler der Vergangenheit entweder unterlassen oder wiederholen, aber man kann sie nicht ungeschehen machen. Das starke Verlangen nach Bestrafung dient also nicht irgendeiner Wiedergutmachung. Sie dient einzig und alleine dem Bedürfnis nach Ausgleich und Vergeltung.

Vergeltung zu verlangen, ist ein zweischneidiges Schwert. Auf der einen Seite fühlt man sich besser, nicht die einzige Person zu sein, die leidet. Auf der anderen Seite sollten Sie jedoch auch immer Folgendes berücksichtigen: Sie verachten einen Menschen für einen bestimmten Fehler, den er begangen hat. Um einen „Ausgleich“ zu schaffen, müssen Sie einen mindestens genauso schwerwiegenden Fehler begehen. Dieser Theorie entsprechend müssten Sie sich anschließend ebenfalls verachten. Außerdem würde es Sie als Menschen mit einem positiven Werteempfinden auf Dauer bedrücken, auf dasselbe Niveau herabgesunken zu sein. Früher oder später werden Sie nämlich feststellen, dass Vergeltung oder ein Ausgleich keinerlei Befriedigung bringen. All das kann das Geschehene nämlich nicht ungeschehen machen und das werden Sie spätestens dann merken, wenn Sie selbst etwas getan haben, das Sie anderen nicht verzeihen konnten.

Tatsächlich ist der einfachste Weg, um mit den Wunden der Vergangenheit umzugehen, loszulassen. Vergeben Sie sich und anderen. Das Leben und die Zeit sind wesentlich mächtigere Richter als Sie. Jeder Mensch erntet früher oder später, was er gesät hat. Es liegt nicht an Ihnen, die Strafe zu wählen oder den Groll zu hegen. Solange Sie anderen nicht vergeben, werden auch Sie niemals Ihren Frieden finden. Lassen Sie also gehen, was passiert ist. Mit leichtem Gepäck lässt sich die lange Reise des Lebens viel besser genießen.

16: Wie Sie die Sympathien Ihrer Mitmenschen gewinnen

Glauben Sie, der Willkür Ihrer Mitmenschen ausgeliefert zu sein? Glauben Sie, dass es egal ist, wie Sie sich verhalten, weil am Ende ja sowieso alle nur das machen, was sie wollen? Glauben Sie, Sie hätten keinen Einfluss auf das Verhalten Ihres direkten Umfelds? Wenn ja, dann haben Sie in allen drei Fällen das Potenzial, positiv überrascht zu werden. Tatsächlich können Sie es sich nämlich aussuchen, wie Ihre Mitmenschen mit Ihnen umgehen. Ihre Reaktionen in allen möglichen alltäglichen Situationen tragen maßgeblich dazu bei, wie andere Sie wahrnehmen, ansprechen und wie viel Sympathie sie für Sie empfinden.

Natürlich lässt sich der gesamte damit verbundene Themenkomplex nicht in einem einzigen Kapitel dieses Buchs abarbeiten, doch ich kann Ihnen die wichtigsten und wirkungsvollsten Grundlagen nahelegen. Diese helfen Ihnen nicht nur dabei, die Sympathien Ihrer Mitmenschen zu gewinnen, sondern auch ihren Respekt und ihre Achtung.

Stellen Sie sich einen Menschen vor, der immer schlecht gelaunt und mürrisch ist. Sie kennen bestimmt so jemanden aus Ihrem Bekanntenkreis oder von der Arbeit. Welches Bild haben Sie von dieser Person? Würden Sie gerne zu ihr gehen und eine nette Unterhaltung führen? Vermutlich nicht. Eine negative Ausstrahlung ist wenig einladend und führt dazu, dass Sie diesen Menschen meiden.

Stellen Sie sich nun eine Person vor, die stets lächelt, gute Laune verbreitet und immer für eine nette Unterhaltung zu haben ist. Sicherlich fällt Ihnen auch dabei jemand ein, vorzugsweise jemand, mit dem Sie gut befreundet sind. Sie erkennen bereits, worauf ich hinausmöchte. Wenn Sie möchten, dass die Menschen in Ihrem Umfeld freundlich und freundschaftlich auf Sie zugehen, müssen Sie einladend wirken. Mir ist völlig bewusst, dass das absolut banal ist, doch den meisten Menschen fehlt die Fähigkeit zur subjektiven Wahrnehmung. Während Ihnen absolut klar ist, dass das bei anderen so funktioniert, achten Sie bei sich selbst oft viel weniger darauf. Die wichtigste Grundlage ist also, freundlich, einladend und offen zu sein. Seien Sie der sympathische Mensch, den Sie selbst am liebsten kennenlernen würden.

Dieser Ratschlag wirkt oberflächlich. Schließlich gibt es viele mürrische und schlecht gelaunte Menschen, die über eine tolle Persönlichkeit verfügen, aber womöglich gerade eine schwierige Phase durchmachen. Das mag richtig sein, jedoch ist niemandem auf die Stirn geschrieben, im Grunde ein toller Mensch zu sein. Wenn Sie in der Innenstadt einkaufen gehen, schauen Sie sich an, was in den Schaufenstern der Geschäfte ausgestellt wird. Sie gehen nicht hinein und fragen, ob Sie mal im Lager herumstöbern dürfen.

Die meisten Dinge des Lebens sind eine reine Sache der Wahrnehmung. Man sagt nicht umsonst, der erste Eindruck bei einer Begegnung sei entscheidend. Das beste Produkt wird nicht verkauft, wenn es nicht ansprechend präsentiert wird. Genauso wird auch der beste Mensch nicht von anderen als eben dieser wahrgenommen, wenn er seine besten Eigenschaften vor dem Rest der Welt versteckt.

Mit einer freundlichen, aufgeschlossenen und lebensbejahenden Grundeinstellung vermitteln Sie Ihrem Unterbewusstsein den Eindruck von Lebensfreude. Außerdem nehmen Sie Miesmachern und unhöflichen Menschen jeglichen Wind aus den Segeln. Auch in diesem Kapitel zeichnet sich wieder die große Bedeutung der Eigenverantwortung ab. Anstatt von anderen Menschen zu erwarten, gut zu Ihnen zu sein, machen Sie den ersten Schritt. Sie strahlen das aus, was Sie sich zu erhalten wünschen und werden dafür belohnt.

Man könnte also durchaus sagen, dass Sie Ihren Mitmenschen einen gewissen Vorschuss gewähren. Dieser Vorschuss besteht aus guten Absichten und einer positiven Lebenseinstellung. Wenn Sie es nun noch schaffen, dasselbe Prinzip auf eine tiefere Kommunikationsebene zu bringen, werden Sie in der Lage sein, mit beinahe jedem Menschen Freundschaft zu schließen.

Wenn Sie möchten, dass andere sich für Sie interessieren, müssen Sie sich zuerst für die anderen interessieren. Wie bereits gesagt, geht niemand in ein Geschäft, um im Lager stöbern zu können. Genauso wird es nur sehr selten passieren, dass jemand grundlos auf Sie zukommt, um Sie kennenzulernen. Als intelligenter Mensch machen Sie den ersten Schritt und gehen auf andere zu. Stellen Sie Ihren

Mitmenschen Fragen und geben Sie ihnen das Gefühl, wirklich an ihnen interessiert zu sein. Sie werden dasselbe Interesse sofort zurückerhalten und sich mitten in einer lebhaften Konversation wiederfinden.

Denken Sie immer daran, dass Sie nichts zu verlieren haben, wenn Sie auf andere zugehen. Sie können nur gewinnen. Entweder gewinnen Sie die Freundschaft einer Person oder Sie gewinnen die Erkenntnis, dass Sie nicht mit ihr befreundet sein möchten.

17: Warum Sie sich niemals beschweren sollten

Das Leben ist nicht einfach, keine Frage. Das ist jedoch kein Grund, sich zu beschweren. Wenn Sie Sorgen haben, sich ungerecht behandelt fühlen oder einfach unzufrieden mit Ihrer aktuellen Situation sind, sollten Sie nicht den Fehler begehen, darüber zu lamentieren. Der Gedanke dahinter ist nicht, dass Sie andere mit ihren Beschwerden nerven könnten. Es geht um Ihr persönliches Mindset, das maßgeblich darüber entscheidet, ob Sie von Ihren Sorgen und Problemen erdrückt werden oder sie nutzen, um über sich hinauszuwachsen.

Sorgen sind gut und sinnvoll. Sie erinnern uns daran, dass es einen Zustand in unserem Leben gibt, der Probleme verursacht. Diese Probleme müssen gelöst werden, damit die Sorgen sich auflösen und wir unser Leben entspannt fortsetzen können. Die meisten Menschen machen jedoch den fatalen Fehler, an ihren Sorgen festzuhalten. Anstatt ihre Zeit und Energie in die Entwicklung und Ausführung von Lösungen zu investieren, beschweren sie sich. Das Ergebnis ist, dass die Situation sich verschärft, noch mehr negative Konsequenzen mit sich bringt und den Betroffenen an den Rand der Verzweiflung treibt. All dem kann man entgegenwirken, wenn man seine Grundeinstellung zu Sorgen und Problemen überdenkt.

Grundsätzlich sollten Sie nicht von „Problemen", sondern von „Herausforderungen" sprechen. Der Unterschied mag gering wirken, doch tatsächlich ist das letztere Wort mit weniger negativen Konnotationen belastet. Eine Herausforderung ist wie ein sportlicher Wettkampf, dem es sich zu stellen gilt. Ein Problem ist etwas, angesichts dessen man gerne den Kopf im Sand vergräbt. Betrachten Sie problematische Situationen künftig also nur noch als Herausforderungen.

Es ist gut und wichtig wahrzunehmen, dass etwas passiert oder auf Sie zukommt, das Ihnen nicht gefällt. Allerdings sollten Sie so schnell wie möglich den nächsten Schritt einleiten und sich fragen: „Was kann ich dagegen unternehmen?"

Durch ständiges Lamentieren verlieren Sie nicht nur wertvolle Zeit, die Sie zum Handeln benötigen. Sie bauschen die Herausforderung in Ihren Gedanken unnötig zu einem großen Problem auf. Sie schüchtern sich selbst so sehr ein, dass Sie sich wie gelähmt fühlen und voller Angst auf das Schlimmste warten. Sich zu beschweren, ist ein Zeichen von Charakterschwäche, das weitere Schwäche fördert. Das mag vielleicht hart klingen, ist jedoch eine Tatsache. Wer wirklich etwas verändern möchte, übernimmt das Zepter und erarbeitet eine vorzeigbare Lösung, mit der alle Beteiligten zufrieden sind.

Mit diesem Vorgehen überwinden Sie jede erdenkliche Herausforderung und stärken nachhaltig Ihr Selbstvertrauen. In zukünftigen problematischen Situationen werden Sie sich daran erinnern, dass Sie schon ganz andere Hürden hinter sich gelassen haben und werden zuversichtlich sein, auch dieses Mal wieder das mit Bravour zu meistern, was Ihnen Kopfschmerzen bereitet.

Wenn Sie sich ständig über das beschweren, was Sie beschäftigt, geben Sie sich selbst ein Gefühl der Unsicherheit. Darüber hinaus vermitteln Sie den Eindruck Ihrer Unsicherheit an Ihre Mitmenschen. Als selbstbewusster und eigenverantwortlicher Mensch sollten Sie immer Herr der Lage sein.

In einer Macher-Mentalität ist kein Platz für Beschwerden und Ausreden. Geben Sie weder anderen noch sich selbst das Gefühl, machtlos zu sein. Das Bild, das Sie von sich selbst haben, gehört zu den größten Faktoren, die Ihre Lebensqualität beeinflussen. Seien Sie sich selbst gegenüber immer stark und zuversichtlich. Egal, was da auch auf Sie zukommen mag: Die Sonne wird auch am nächsten Tag wieder aufgehen. Die Uhren werden nicht stehenbleiben und selbstverständlich werden Sie eine Möglichkeit finden, die schwierige Phase hinter sich zu lassen.

18: Einen Fehler zu machen, ist nicht schlimm. Ihn zu wiederholen, schon

Die meisten Menschen fürchten sich davor, Fehler zu machen. Sie möchten keine Risiken eingehen, um dann zu scheitern. Sie haben Angst, dass Misserfolge an ihrem Selbstwertgefühl und ihrer Lebenssituation kratzen könnten. Sie wollen nicht in die Ungnade ihrer Mitmenschen fallen und erst recht wollen sie niemanden verletzen. Tatsächlich gehört die Angst vor der negativen Meinung unserer Mitmenschen zu den stärksten, die wir im Alltag haben. Um uns all dem nicht auszusetzen, versuchen wir, perfekt zu sein. Dieser Perfektionismus raubt nicht wenigen Menschen jegliche Lebensqualität und daher ist es wichtig, über die Bedeutung von Fehlern zu sprechen. Sie sind im Grunde genommen nämlich gar nicht so übel, wie die meisten Menschen glauben.

Ich könnte endlose Aufsätze darüber schreiben, wie gefährlich es ist, in ein Feuer hineinzugreifen. Sie würden mir vermutlich glauben. Wirklich verstehen würden Sie es aber erst dann, wenn Sie es mal selbst ausprobierten. Natürlich wäre das ein folgenschwerer Fehler, den Sie im Endeffekt bereuen würden. Gleichzeitig wäre es aber auch eine kostbare Lektion, die Sie weiser und vorsichtiger macht. Sie haben etwas gelernt. Diesen Fehler gemacht zu haben, ist im Endeffekt schon in Ordnung. Schließlich war die Sache nicht ganz umsonst. Schlimm und unachtsam wäre es, diesen Fehler zu wiederholen!

Das Problem der meisten Menschen ist nicht, dass sie Fehler machen. Das Problem ist, dass sie nicht aus ihren Fehlern lernen. Jeder macht im Laufe seines Lebens hin und wieder einen Fehltritt und sammelt somit auch viele Erfahrungen. Wer diese Erfahrungen wertschätzt und seine Lehren daraus zieht, kann es weit bringen. Wer nichts lernt, begibt sich in einen Teufelskreis, der zu Misserfolgen, Unzufriedenheit und Feindschaften mit anderen Menschen führt.

Natürlich muss an dieser Stelle erwähnt werden, dass es unverzeihliche Fehler und Straftaten gibt, die bestraft werden müssen. Das Urteil darüber sollte man jedoch Menschen überlassen, die dafür ausgebildet und qualifiziert sind. In diesem Kapitel geht es selbstverständlich um alltägliche Fehler, die wir uns und unseren Mitmenschen gegenüber begehen.

Es kommt immer wieder vor, dass Menschen Fehler machen, deren Konsequenzen über ihren eigenen Einflussbereich hinaus reichen und somit auch andere betreffen. Sie haben das sicherlich schon mehrfach erfahren müssen. Man hat Sie belogen, betrogen, bestohlen, wissentlich verletzt, Ihr Vertrauen missbraucht oder ganz aus Versehen etwas zerstört, das für Sie wertvoll war. In solchen Fällen sollten Sie Ihre Reaktion und Ihr Urteil sorgfältig abwägen. Wenn Sie einen Mitmenschen umgehend bestrafen und aus Ihrem Leben verbannen, gibt es für Ihr Miteinander keinen Spielraum zur Verbesserung. Ist der Fehler jedoch zum ersten Mal geschehen, können Sie Ihre Enttäuschung ausdrücken und Ihrem Gegenüber die Chance geben, aus seinem Fehltritt zu lernen. Falls diese Person ehrliche Reue empfindet und das Ausmaß ihres Fehlers begreift, besteht eine hohe Wahrscheinlichkeit, dass eine solche Unannehmlichkeit sich nicht wiederholen wird. Die Beziehung, die Sie beide verbindet, wird in Zukunft noch stärker sein, denn Ihr Mitmensch wird einerseits dankbar für Ihre Gnade sein und gleichzeitig wissen, was beim nächsten Mal auf dem Spiel steht. Sollte es jedoch zur Wiederholungstat kommen, erkennen Sie, dass diese Person nicht aus ihren Fehlern gelernt hat. Nun können Sie folgenschwere Konsequenzen ziehen und sich von der Last befreien.

Es ist meiner Meinung nach deshalb so wichtig, eine gesunde Fehlertoleranz zu haben, weil wir alle hin und wieder einen Schritt in die falsche Richtung machen. Mit Sicherheit haben Sie auch schon schwerwiegende Fehler begangen und sich dann voller Reue gewünscht, man möge Ihnen verzeihen. Irren ist völlig normal. Jeder Mensch kann Fehler machen. Zum Vergeben braucht es jedoch Weitsicht, Intelligenz und Charakterstärke. Das kann nicht jeder. Sie können sich aussuchen, ob Sie einer der Menschen sein wollen, die sich einen Fehler aus 1000 guten Taten herauspicken, um diesen zu kritisieren, oder ob Sie hinter einem Fehler auch 1000 gute Taten eines Menschen erkennen. An der Vergangenheit ist ohnehin nichts mehr zu ändern. Es geht immer darum, die Gegenwart positiv zu beeinflussen, um eine bestmögliche Zukunft vorzubereiten. In vielen Fällen ist es das Beste für Sie und Ihre Mitmenschen, wenn Sie nachsichtig sind und begreifen, dass auch Unerfreuliches früher oder später mehr Sinn ergibt, als man im ersten Moment glauben würde.

Hinter jedem Fehler steckt auch eine wertvolle Lektion. Jede Lektion birgt das Potenzial, eine echte Weiterentwicklung in Gang zu bringen. Egal, ob Sie selbst einen Fehler machen oder einen in Ihrem Umfeld erleben: Verurteilen Sie ihn zu scharf, geht sein Potenzial verloren. Erachten Sie ihn jedoch als Lektion, kann das langfristig überaus positive Konsequenzen haben.

19: Eigenlob stinkt nicht

Haben Sie auch hin und wieder das Gefühl, bescheiden sein zu müssen, damit man Sie nicht für arrogant hält? Verbergen Sie Ihre Stärken und Talente, um nicht zu sehr aufzufallen? Schweigen Sie über Ihre größten Erfolgserlebnisse oder müssen Sie sie immer durch falsche Bescheidenheit relativieren, damit Ihre Mitmenschen Sie nicht für einen Angeber halten? Viele Menschen würden diese Fragen mit „Ja" beantworten und das hat einen simplen Grund: Wir lernen bereits früh im Leben, dass Eigenlob stinkt. Man bringt uns bei, dass Bescheidenheit und Bodenständigkeit erstrebenswert sind und dass niemand einen Menschen mag, der übermäßig erfolgreich ist und andere immer wieder daran erinnert.

Falls auch Sie diesen Glaubenssatz aus frühen Kindheitstagen mitgenommen haben, sollten Sie ihn getrost hinter sich lassen. Eigenlob stinkt nicht. Ganz im Gegenteil. Eigenlob ist die verdiente und dringend benötigte Bestätigung für Ihr Selbstwertgefühl, die nach jedem Erfolgserlebnis eintreten sollte. Das Prinzip dahinter ist simpel. Selbstbewusst zu sein, bedeutet im wahrsten Sinne des Wortes, dass man sich seiner Selbst bewusst ist. Man kennt sich selbst besser als jeden anderen Menschen. Das beinhaltet alle möglichen Stärken und Schwächen. Basierend auf diesem genauen Wissen können Sie sich selbst in jeder Lebenssituation besonders gut einschätzen. Sie wissen, was Sie sich zutrauen können oder nicht. Sie kennen Ihre Wünsche und können die Maßnahmen zum Erreichen Ihrer Ziele ideal planen und bewerten. Dies ist die Grundlage eines gesunden Selbstvertrauens. Je besser Sie sich kennen, desto mehr Vertrauen haben Sie in sich und Ihre Fähigkeiten. Im Alltag nutzen Sie dieses Selbstvertrauen, um sich Herausforderungen zu stellen und am Erreichen Ihrer persönlichen Ziele zu arbeiten. Je weiter Sie dabei kommen, desto glücklicher und zufriedener sind Sie. Ihr Selbstwertgefühl wächst. Sie bewundern sich für Ihre Fortschritte und gewinnen die Zuversicht, sich noch weiterentwickeln zu können. Ihr Selbstbewusstsein erweitert sich und so schließt sich der Kreis. Nun wird es besonders wichtig.

Loben Sie sich nicht für Ihre Erfolge, wächst Ihr Selbstwertgefühl nicht und somit gibt es auch keinen in sich geschlossenen, positiven Kreislauf. Da Sie sich aus Gründen der Bescheidenheit nicht mit Ihren Stärken auseinandersetzen dürfen, nähren Sie nicht Ihr Selbstbewusstsein. Da Ihr Selbstbewusstsein sich nicht weiterentwickelt, stärken Sie auch nicht Ihr Selbstvertrauen. Sie stellen sich weniger Herausforderungen des Alltags und vernachlässigen die Verwirklichung Ihrer Träume. Folglich gibt es weniger Erfolge, die Ihr Selbstwertgefühl stärken könnten. Es entsteht ein negativer Kreislauf.

Wer soll Sie für Ihre Erfolge loben, wenn nicht Sie selbst? Wer soll Ihre Stärken bewundern, wenn nicht Sie? Menschen, die die Bestätigung anderer brauchen, verfügen über ein schwaches Selbstbewusstsein und Selbstwertgefühl. Sie haben sich das Eigenlob so oft und so lange verwehrt, dass sie nun die Meinung anderer Menschen brauchen, um ihr eigenes Leben zu bewerten. Dieses Phänomen können Sie vor allem in unserer heutigen Zeit sehr häufig beobachten. Die sozialen Medien sind ein ideales Beispiel dafür.

Menschen genießen ihre Urlaube nicht, sondern dokumentieren sie, um sie anschließend öffentlich preiszugeben. Beim Kauf eines neuen Autos entscheidet nicht mehr nur der persönliche Geschmack, sondern vor allem auch der Gedanke, wie beeindruckend andere das Fahrzeug finden könnten. Man freut sich nicht mehr über ein neues Outfit, um es einfach nur zu tragen. Man postet es auch auf Instagram und Facebook, in der Hoffnung, möglichst viel Zuspruch dafür zu bekommen. Wissenschaftler und Psychologen haben in zahlreichen Studien herausgefunden, dass viele Menschen süchtig nach dieser Bestätigung sind. Ohne sie können sie den Alltag nicht mehr überstehen. Sie haben völlig den Bezug zu sich und ihrem Selbstbewusstsein verloren.

Natürlich gibt es noch zahlreiche andere Faktoren, die zu einem mangelnden Selbstbewusstsein führen. Sollten Sie sich für das Thema interessieren, kann ich Ihnen an dieser Stelle guten Gewissens mein Buch „Endlich selbstbewusst!“ empfehlen. In diesem Buch erkläre ich detailliert die Ursachen für mangelndes Selbstbewusstsein. Außerdem erhalten Sie darin zahlreiche Anregungen, die Ihnen dabei helfen werden, Ihr Selbstbewusstsein, Selbstvertrauen und Selbstwertgefühl nachhaltig auf- und auszubauen.

Wie Sie sehen, ist es überaus wichtig, stets aus seinem eigenen, inneren Antrieb heraus zu handeln und Anerkennung für die eigenen Leistungen zu empfinden. Ihre Psyche braucht Bestätigung. Sie ist ein völlig natürliches Feedback. Wenn Sie sich dieses Feedback nicht geben, werden Sie es außerhalb suchen und somit Ihr Selbstbewusstsein schwächen. Es ist mir und vielen anderen Verfechtern der Persönlichkeitsentwicklung ein Rätsel, wie sich der destruktive Glaubenssatz „Eigenlob stinkt" so stark verbreiten konnte. Das heißt jedoch nicht, dass man ihn verinnerlichen muss. Eigenlob stinkt nicht. Je tiefer Sie diesen Gedanken begreifen, desto mehr Lebensqualität werden Sie erfahren.

20: Hilfe ist nicht immer gleich Hilfe

Hilfsbereitschaft ist allgemein als positive Eigenschaft anerkannt. Sie kennzeichnet einen Menschen als selbstlos und großzügig. Während ich dieser Einschätzung grundsätzlich zustimme, finde ich es jedoch auch wichtig, zu differenzieren. Ja, es ist gut, seinen Mitmenschen zu helfen. Vor allem dann, wenn sie wirklich Hilfe benötigen. Es ist jedoch nicht vorteilhaft, sich völlig aufzureiben und aufzugeben, um anderen eine Stütze zu sein. Leider geschieht großherzigen Menschen immer wieder genau das. Sie beweisen völlige Hingabe, um so hilfreich wie möglich zu sein und erkennen dabei nicht, wenn sie ausgenutzt werden. Haben Sie das auch schon bei sich oder im Bekanntenkreis erlebt?

Es ist sehr wichtig, den Unterschied zwischen Hilfe und Hilfe zur Selbsthilfe zu erkennen. Hilfe ist situationsbedingt und nicht in allen Fällen angemessen. Hilfe zur Selbsthilfe jedoch ist ein langfristiges Investment in eine Person und erzielt beinahe immer die gewünschte Wirkung. Im Folgenden werde ich auf den grundlegenden Unterschied zwischen diesen Arten von Hilfe eingehen. Hier ist ein klassisches Beispiel:

Ein Freund ruft Sie an. Er hat seinen Job verloren und sich von seiner Partnerin getrennt. Er ist am Boden zerstört und weiß nicht, wohin er nun gehen oder wovon er leben soll. Natürlich haben Sie ein großes Herz und nehmen ihn bei sich zu Hause auf. Bei Ihnen bekommt er Obdach, ein offenes Ohr, eine Schulter zum Ausweinen und natürlich etwas Stabilität, damit er sich keine Sorgen um die nächsten Tage machen muss. Sie gehen davon aus, dass er eine wirklich schwere Zeit durchmacht und sind deshalb sehr feinfühlig. Sie richten ihm einen gemütlichen Schlafplatz ein, machen ihm etwas zu essen und sichern ihm zu, dass er sich erst einmal keine Sorgen machen muss und bei Ihnen bleiben kann, bis er wieder auf die Beine kommt. Er nimmt dieses Angebot dankbar an und bleibt. In den kommenden Tagen kommt er in den Genuss von Annehmlichkeiten, die er lange nicht mehr in seinem Leben hatte. Er muss nicht arbeiten und fühlt sich umsorgt. Höchstwahrscheinlich meint er es nicht böse, doch unterbewusst gefällt ihm die Situation. Er macht es sich gemütlich und wird abhängig von Ihrer Fürsorge und Aufmerksamkeit. Sie haben einfach ein zu großes Herz, um es ihm übel zu nehmen. Sie können ihn nun unmöglich auffordern, sich um eine neue Arbeitsstelle zu bewerben oder eine neue Wohnung zu suchen. Das fühlt sich einfach nicht richtig an. Also haben Sie Geduld. Ehe Sie sich versehen, sind Monate vergangen. Ihre Nerven sind angespannt. Der Dauergast schränkt Sie in Ihrer Privatsphäre ein. Außerdem erschöpft es Ihre finanziellen Reserven, eine weitere Person versorgen zu müssen, die eigentlich selbst für ihren Lebensunterhalt sorgen könnte. Sie können so nicht mehr weitermachen und beschließen, Ihren Freund damit zu konfrontieren. Dieser versteht aber gar nicht, was Sie überhaupt stört. Für ihn ist alles gut und er ist in der Annahme, dass Sie gerne helfen, da Sie schließlich Freunde sind. Es kommt zum Streit, in dem Sie offen mitteilen, was

Sie schon seit Wochen unterdrücken. Ihr Freund fühlt sich verletzt und verlässt Ihr Zuhause. Sie bleiben mit einem schlechten Gewissen zurück.

Kommt Ihnen das bekannt vor? Die Dynamik hinter dem Beispiel lässt sich auf sehr viele Situationen übertragen. Oft ist es so, dass wir mit unserer Hilfe nur indirekt helfen. Menschen ihre Eigenverantwortung abzunehmen, macht sie von uns abhängig. Es gibt ihnen das gute Gefühl, sich auf Sie verlassen zu können und sich künftig nicht mehr selbst um die eigenen Verpflichtungen bemühen zu müssen. Es klingt hart, aber oft verschulden wir es selbst zum größten Teil, wenn wir Menschen von uns abhängig machen. So behüten zum Beispiel viele Eltern ihre heranwachsenden Kinder so lange und intensiv, dass diese nicht lernen, selbst Verantwortung im Leben zu übernehmen. Später beschweren die Eltern sich dann darüber, dass ihre Kinder nicht eigenständig genug sind.

Was ist also der richtige Weg? Wenn man Menschen mit seiner gut gemeinten und bedingungslosen Hilfe nicht immer hilft, was kann man dann unternehmen? Wie hilft man anderen wirklich effektiv? Der Schlüssel zur Lösung ist die Hilfe zur Selbsthilfe. Jeder Mensch muss in der Lage sein, Verantwortung für sein eigenes Leben zu übernehmen. Man kann anderen dabei helfen, diese Verantwortung wieder zu ergreifen. Auf unser vorhin erwähntes Beispiel bezogen, bedeutet das, dass Sie nicht all Ihre Ressourcen investieren, um Ihren Freund aufzunehmen und zu verwöhnen. Sie helfen ihm wieder auf die Beine. Sie geben ihm ein offenes Ohr, gute Ratschläge und helfen ihm dabei, schnell wieder eine neue Arbeitsstelle und eine Wohnung zu finden. Auf diese Weise wird er nicht von Ihnen abhängig, ist Ihnen dankbar und Sie werden nicht übermäßig strapaziert, sodass Ihr eigenes Leben nicht zu kurz kommt.

Um anderen helfen zu können, müssen Sie selbst in guter Verfassung sein. Niemand profitiert davon, wenn Sie sich aufopfern, um eine Hilfestellung zu leisten. Wer ein Fußballtrainer sein will, muss selbst viel von Fußball verstehen. Wer anderen Geld leihen will, muss selbst über große Geldmengen verfügen. Und wer anderen helfen will, darf im Laufe des Prozesses nicht selbst hilfsbedürftig werden.

Seien Sie ein guter Mensch und helfen Sie anderen stets dabei, sich selbst zu helfen. Helfen Sie jedoch nicht bedingungslos. Damit ist weder Ihnen noch dem Hilfesuchenden geholfen.

21: Über die Macht des Alleinseins

Wenn Sie schon einmal meinen Blog oder einen meiner Social-Media-Kanäle besucht haben, werden Sie es vielleicht nicht glauben können, aber ich war schon immer ein introvertierter Mensch. Ich bin ein großer Freund des Alleinseins und habe früh gelernt, welche Vorzüge es mit sich bringt, sich in die innere Stille zurückzuziehen und in sich zu horchen. Für viele Menschen ist das unvorstellbar. In meinen Jahren als Blogger und Autor habe ich hunderte Nachrichten erhalten, in denen mir Leserinnen und Leser davon erzählen, wie sehr sie das Alleinsein fürchten. Sie können Stille nicht ertragen und müssen daher so oft wie möglich in der Gesellschaft ihrer Freunde und Familie bleiben. Viele erzählen, dass sie permanent den Fernseher oder das Radio laufen lassen, um sich nicht alleine zu fühlen und von ihren Gedanken abgelenkt zu werden. Es ist schade, dass die meisten Menschen so empfinden. In Wirklichkeit ist das Alleinsein nämlich eine großartige Sache! Es gibt uns die Möglichkeit, viel über uns zu lernen, unsere Lebenssituation deutlich zu verbessern und unsere Lebensqualität zu erhöhen.

Im ersten Schritt ist es wichtig, zwischen dem Alleinsein und der Einsamkeit zu unterscheiden. Alleine zu sein bedeutet schlicht und einfach, sich alleine an einem Ort oder in einem Raum zu befinden. Keine anderen Personen sind anwesend. Einsamkeit ist etwas anderes. Einsam zu sein bedeutet, sich unverstanden zu fühlen und keine Beziehung zu Mitmenschen aufbauen zu können. Man ist einsam, wenn man keine sozialen Kontakte oder Freundschaften pflegt. Man kann sogar dann einsam sein, wenn man von vielen Menschen umgeben ist. Sie kennen das vielleicht aus manchen Situationen. Man kann in einem Raum voller Menschen sein, deren Überzeugungen und Vorlieben man nicht teilt. Obwohl man von anderen Personen umgeben ist, fühlt man sich unsichtbar und unverstanden. Ich empfehle Ihnen nicht, einsam zu sein. Einsamkeit ist eine äußerst belastende Empfindung, die die Lebensqualität einschränkt und zu Depressionen führt. Freundschaften und funktionierende soziale Bindungen sind ein fester Bestandteil eines glücklichen Lebens. Natürlich gibt es viele Menschen, die sich als „Einzelgänger" bezeichnen und behaupten, sich damit wohl zu fühlen. Das muss man respektieren. Schließlich ist jeder Mensch einzigartig. In der Regel macht es jedoch Sinn, sich mit Gleichgesinnten zusammenzuschließen. Unsere Vorfahren taten es, weil es ihre Überlebenschancen erhöhte. Wir machen es heutzutage, weil es uns einen intellektuellen und unterhaltsamen Austausch ermöglicht. Freundschaften erfüllen uns mit Freude und es ist auch heute eine Erleichterung im Alltag, die Unterstützung von Menschen zu erfahren, die einen verstehen und die eigene Weltanschauung teilen.

Also, wenn Freundschaften doch so gewinnbringend sind, warum sollte man dann alleine sein wollen? Grundsätzlich geht es nicht darum, immer alleine zu sein. Im Alltag kommt man jedoch häufig in Situationen, in denen man gerade keine Gesellschaft hat. Diese Zeit sollte man nicht künstlich überbrücken, indem man Musik hört oder den Fernseher einschaltet. Man sollte sie nutzen, um in sich hineinzuhorchen.

Die meisten Menschen fürchten sich davor, weil ihre Gedanken ihnen Angst machen. Ihre Gedanken erinnern sie an Sorgen und Herausforderungen des Alltags. Sobald man alleine ist, fängt man unwillkürlich an, über emotionale Verwundungen nachzudenken. Man erinnert sich an finanzielle Sorgen oder an die Herausforderungen des Berufsalltags, denen man sich im Moment nur ungerne stellen möchte. Man erinnert sich an Aufgaben, die noch erledigt werden müssen. Durch Ablenkungen läuft man vor diesen problematischen Gedanken weg und verdrängt sie. Dabei ist es extrem wichtig, sich all dem zu stellen. Nur lösungsorientiertes Denken kann problematische Situationen zum Positiven verändern.

Ziehen Sie sich regelmäßig zurück und nehmen Sie sich Auszeiten nur für sich. Horchen Sie in sich hinein und fragen Sie sich, wie es Ihnen geht. Denken Sie über aktuelle Herausforderungen nach und fragen Sie sich, wie man sie am besten bewältigen kann. Schmieden Sie Pläne, die bessere Ergebnisse versprechen und führen Sie diese auch aus. Die ersten Erfolgserlebnisse werden Ihr Selbstvertrauen steigern. Beim Selbstbewusstsein geht es darum, sich selbst besser zu kennen als jeden anderen Menschen. Wie soll das gelingen, wenn Sie jedes bisschen Zeit, das Sie ungestört mit sich haben, verdrängen oder überbrücken?

Je mehr Sie in sich hineinhorchen, desto mehr erfahren Sie über Ihre Stärken und Wünsche. Sie entwickeln einen klare Vision eines besseren Lebens, weil Sie deutlich erkennen, in welche Richtung Sie sich entwickeln möchten und welche Möglichkeiten Ihnen dafür zur Verfügung stehen. Solange Sie das Alleinsein fürchten, wird Ihnen das nicht gelingen.

Gehen Sie auf lange Spaziergänge in der Natur. Man sagt, die Natur sei der beste Therapeut. Unternehmen Sie einfach mal etwas ganz allein, ohne Kopfhörer auf den Ohren. Viele erfolgreiche Menschen sind von der Wirksamkeit der Meditation überzeugt. Sie ist die beste Möglichkeit, um zu seiner inneren Mitte zu finden, Unnötiges auszublenden und sich auf das Wesentliche zu konzentrieren. Zelebrieren Sie das Alleinsein, denn Sie können dabei Vieles über sich erfahren, das Ihnen dabei helfen wird, Probleme zu lösen und Wunderbares zu erschaffen.

22: Wie man das Prinzip des „Zehnten geben“ modern interpretiert

Ich muss zugeben, kein sehr religiöser Mensch zu sein. Das heißt nicht, dass ich die verschiedenen Religionen unserer Welt nicht respektiere. Ganz im Gegenteil. Sie alle lehren uns kostbare Werte, die uns (bei richtiger Auslegung) zu feinfühligeren, anständigeren und besseren Menschen machen. Für mich war es schon immer interessant, mich nicht auf etwas festzulegen, sondern die verschiedenen Lehren zu studieren und das Sinnvollste und Effektivste aus ihnen zu extrahieren. In diesem Kapitel geht es um ein Prinzip des Christentums: Das Prinzip des „Zehnten geben“.

Leichte Recherchen ergeben, dass es ziemlich umstritten ist, wobei es dabei genau geht. Allgemein geht man davon aus, dass das Prinzip besagt, man solle zehn Prozent seines Einkommens an andere abgeben. Ebenfalls fraglich ist, ob mit den „anderen“ Bedürftige, die Kirche oder der Staat gemeint sind. Ich habe in dieser Angelegenheit Gebrauch von meinem Freigeist gemacht und meine eigenen Überlegungen dazu entwickelt. Anstatt sich darüber zu streiten, was oder wie viel man an wen geben sollte, könnte man doch einfach beschließen, etwas zu geben. Und zwar an jene, die es gerade nötiger haben als man selbst.

So ist es zum Beispiel schon oft passiert, dass ich in der Öffentlichkeit kritisiert wurde, weil ich Obdachlosen ein wenig Geld gegeben habe, um ihnen in ihrer misslichen Lage zu helfen. Es gibt mit Sicherheit viele gute Argumente, die dagegen sprechen. Man sollte sich im Klaren darüber sein, dass es unter den Obdachlosen viele Betrüger gibt, die von der Gutmütigkeit und Leichtgläubigkeit hilfsbereiter Bürger leben. Das macht jedoch nichts. Ich gehe das Risiko ein, um 2 Euro betrogen zu werden und empfehle Ihnen, das ebenso zu tun. Nicht, damit Sie irgendwann einen freien Platz im Himmel erhalten, sondern weil es Ihre Persönlichkeitsentwicklung fördert. Es hilft Ihnen dabei, Ihre Weitsicht, Ihre Empathie, Ihre Charakterstärke und Ihr Verantwortungsbewusstsein zu erweitern.

„Den Zehnten" zu geben, würde heißen, ein Zehntel seines Einkommens abzugeben. Das müssen Sie nicht tun. Genauso wenig geht es hier ausschließlich um Geld. Geben Sie, was Sie geben können. Schenken Sie Menschen, die traurig aussehen, ein Lächeln. Geben Sie jenen, die aktuell ratlos sind, ein offenes Ohr und einen guten Rat. Helfen Sie einem Hungrigen mit einer warmen Mahlzeit aus und geben Sie Ihren Freunden, die gerade eine schwierige Zeit durchmachen, ein wenig von Ihrer Aufmerksamkeit und Zuneigung.

Gebraucht zu werden, ist ein wesentlicher Aspekt bei der Entwicklung unseres Selbstwertgefühls. Natürlich ist die Grundlage eines gesunden Selbstbewusstseins immer Ihre Eigenverantwortung. Dennoch kann man nicht bestreiten, dass die Bestätigung und Bewunderung durch unsere Mitmenschen unserem Selbstbewusstsein und -vertrauen einen starken Schub verleihen. Es liegt in unserer Natur. Eines der größten psychologischen Bedürfnisse der Menschen ist, bedeutend zu sein und bewundert zu werden. Wenn Sie anderen helfen, erfüllen Sie automatisch beide Bedürfnisse: Dadurch, dass Sie jemandem helfen, bestätigen Sie offiziell, dass Sie gebraucht wurden. Die Dankbarkeit Ihres Gegenübers besiegelt das Ganze. Sie ist die Bedeutsamkeit und Bewunderung, die Sie sich wünschen. Deshalb fühlt es sich gut an, andere zu unterstützen.

Wir sind oft sehr engstirnig, wenn es darum geht, anderen zu helfen. Wir denken, dass es sich nur lohnt, anderen zu helfen, wenn wir etwas wirklich Großes und Nachhaltiges beitragen können. Das ist jedoch nicht richtig. Oft sind es die ganz kleinen Dinge, mit denen wir anderen Menschen den Tag retten oder frischen Mut verleihen können. Niemand wartet darauf, dass jemand kommt, um sein Leben in die Hand zu nehmen. Manchmal braucht es einfach nur einen positiven Impuls.

So geht es zum Beispiel nicht darum, das Leben eines Obdachlosen zu retten. Das können Sie ohnehin nicht mit einer kleinen Spende. Genauso wenig würde es helfen, ihm 1.000 Euro zu schenken. Es geht viel eher darum, einem Menschen Mut zu schenken. Wenn Sie in einer solchen Lage wären, würden Sie sich auch keine 1.000 Euro wünschen. Sie wären glücklich, wenn man Sie überhaupt wahrnehmen und Ihnen vielleicht zu einer warmen Mahlzeit verhelfen würde, damit Ihre Leiden zumindest ein wenig gelindert werden. Vor allem aber würden Sie gerne mal wieder wie ein Mensch auf Augenhöhe behandelt werden wollen.

Das ist nur eines von sehr vielen möglichen Beispielen. Was ich mit diesem Kapitel sagen möchte, ist Folgendes: Zerbrechen Sie sich nicht den Kopf darüber, wie viel man an wen geben sollte oder nicht. Tun Sie es einfach. Geben Sie, wovon Sie ohnehin zu viel haben. Ob Sie einem Freund eine Stunde Ihrer Aufmerksamkeit schenken oder eine Serie schauen, macht am Ende auch für Sie einen großen Unterschied. Genauso können 2 Euro, die Ihnen am Ende Ihres Lebens nicht fehlen werden, jemandem den Tag retten. Und ein Lächeln ist ohnehin immer kostenlos. Das sollten Sie immer verschenken. All das mag wie ein Aufruf zum Gutmenschentum wirken. In Wahrheit dient es jedoch Ihrer persönlichen Weiterentwicklung und der Stärkung Ihres Selbstwertgefühls. Denken Sie in Ruhe darüber nach und probieren Sie es aus!

23: Was Sie jedem Menschen schenken sollten

Das Schenken ist so eine Sache für sich. Immer, wenn die Weihnachtszeit beginnt, werden die meisten Menschen unruhig. Diese Phase des Jahres bedeutet Stress. Warum? Weil es Zeit wird, Geschenke zu kaufen. Man muss für jeden wichtigen Mensch aus dem engsten Personenkreis das passende Geschenk finden und dabei gleichzeitig wichtige Regeln beachten. Es darf nicht unangemessen sein, denn es wäre eine Katastrophe, wenn es dem Beschenkten nicht gefiele. Dabei darf es auch nicht zu teuer sein, denn wenn es mehr wert ist als das Geschenk, das man selbst von dieser Person erhält, besteht ein Ungleichgewicht. Gleichzeitig darf es nicht zu günstig sein. Erstens, weil auch das ein Ungleichgewicht hervorrufen würde und zweitens, weil man dann in den Augen der anderen geizig aussieht. Ist das nicht furchtbar? Das Fest der Liebe und Freude ist zu einem nervenaufreibenden Spektakel geworden und trotzdem schafft es kaum jemand, sich der Sache zu entziehen. Ähnlich, aber nicht im ganz so großen Maße verhält es sich an Geburtstagen. Schließlich kann man sich nicht ohne ein Geschenk beim Geburtstagskind blicken lassen und schon geht der Stress wieder von vorne los.

Wir Menschen haben die Wertschätzung für die wirklich wertvollen Geschenke verloren. Ob es an Weihnachten und anderen kommerziellen Anlässen liegt, sei beiseite gestellt. Tatsache ist, dass wir kaum noch ein Gefühl dafür haben, was wirklich kostbar ist und was nicht. Um diesem Trend entgegenzuwirken, möchte ich mich in diesem Kapitel mit Ihnen gemeinsam daran erinnern, was wirklich wertvolle Geschenke an unsere Mitmenschen sind, mit denen Sie anderen und sich jederzeit eine große Freude machen können. Dafür braucht es keinerlei feierlichen Anlass, wie zum Beispiel Weihnachten oder einen Geburtstag.

Das mit Abstand wertvollste Geschenk, das Sie einem Mitmenschen machen können, ist Zeit. Indem Sie jemandem Ihre volle Aufmerksamkeit schenken, widmen Sie ihm ein Stück Ihrer wertvollsten und nicht erneuerbaren Ressource. Gemeinsam eine schöne Zeit zu haben, ist ein Geschenk, das auf Gegenseitigkeit beruht. Im Kreise seiner Freunde und Familie zu sitzen und einfach zusammen Spaß zu haben, ist unbezahlbar. Und auch, wenn die meisten Anwesenden nicht bewusst darüber nachdenken, so ist sich tief im Innern jeder darüber bewusst, dass dieses Beisammensein wesentlich mehr wert ist, als ein Parfümerie-Gutschein oder eine Flasche Wein. Genauso sollten auch Sie Wertschätzung dafür empfinden, wenn sich jemand Zeit für Sie nimmt und Sie bei einem Ihrer Vorhaben unterstützt. Das ist alles andere als selbstverständlich und Sie sollten immer im Hinterkopf behalten: Dieser gemeinsame Moment, den Sie verbringen, wird nie wieder zu Ihnen zurückkehren. Genießen Sie ihn.

Ein ebenfalls extrem wertvolles Geschenk ist Vertrauen. Vertrauen ist ein überaus fragiles Gut, vergleichbar mit einem Kartenhaus. Es braucht überaus lange, um es aufzubauen, während es binnen Sekunden in sich zusammenfallen kann. Echtes Vertrauen ist ein Privileg, das man genießen sollte. Nun ist es leider so, dass es den meisten Menschen schwerfällt, anderen zu vertrauen. Vielleicht geht es Ihnen ähnlich. Je öfter wir von unseren Mitmenschen enttäuscht wurden, desto stärker ist der Schutzwall, den wir um uns herum aufbauen. Wir wollen diese Enttäuschung nicht wieder erleben und das ist auch verständlich. Gleichzeitig ist es unfair gegenüber den Menschen, die uns noch nie enttäuscht haben oder die uns neu kennenlernen. Sie erhalten keine faire Chance, sich unser Vertrauen ehrlich zu verdienen und bekommen ebenso nicht die Möglichkeit, uns so kennenzulernen, wie wir sind. Bedenken Sie das, wenn Sie in Kontakt zu einem aufrichtigen und liebevollen Menschen stehen. Umgekehrt sollten auch Sie es als eine besondere Auszeichnung empfinden, wenn jemand Ihnen vertraut. Nehmen Sie es als Kompliment und begreifen Sie den hohen Stellenwert, den Sie im Leben eines anderen Menschen haben. Das ist ein großartige Bestärkung Ihres Selbstwertgefühls!

Nicht jeder Mensch wird verstehen, dass Geschenke wie Zeit und Vertrauen wesentlich kostbarer sind als irgendetwas Materielles, das man kaufen kann. Machen Sie sich nichts daraus. Die Hauptsache ist, dass Sie es verstehen und sich auf die Suche nach den Personen machen, die Ihre Ansichten teilen. Sie sind der Durchschnitt der Menschen, mit denen Sie sich umgeben. Sobald Sie erst einmal das richtige

Umfeld geschaffen haben, werden Sie einander viel zu schenken haben.

Seien Sie großzügig. Schenken Sie anderen hin und wieder ein offenes Ohr und verbringen Sie etwas Zeit mit den Menschen, die Ihnen am Herzen liegen. Vertrauen Sie, wenn es sich richtig anfühlt. Natürlich können Sie dabei verlieren und enttäuscht werden. Sie können aber auch genauso gewinnen. Manchmal muss man Risiken eingehen, um die größten Erfolge zu erzielen und wie Sie sicherlich noch wissen, müssen wir hin und wieder scheitern, um im Leben weiterzukommen. Also schenken Sie und lassen Sie sich beschenken. Es wird Ihre Lebensqualität drastisch erhöhen.

24: Wenn nicht Sie, wer dann?

Das Leben ist zu kurz, um ewig auf positive Veränderungen zu warten. Deshalb ist es wichtig, selbst die Verantwortung zu übernehmen und die Initiative zu ergreifen. Mit diesem Kapitel möchte ich Sie dazu ermutigen, genau das zu tun! Aus irgendeinem unerfindlichen Grund warten Menschen gerne. Sie warten darauf, dass andere die Welt besser machen. Sie warten auf günstige Gelegenheiten oder Chancen. Sie warten darauf, endlich von jemandem entdeckt zu werden oder schlicht und einfach darauf, glücklicher zu sein.

Wir haben in diesem Buch zur Genüge über den Wert der Zeit und die hohe Relevanz der Eigenverantwortung gesprochen. Nun wird es Zeit, diese beiden wichtigen Prinzipien zusammenzuführen.

Was die Welt betrifft, warten wir immer auf einen Helden, der kommt, um alles besser zu machen. Wir zeigen mit dem Finger auf die Politiker der verschiedenen Regierungen und beschweren uns über die Arbeit, die sie leisten. Nur die Wenigsten von uns stellen sich jedoch die Frage, was sie selbst aktiv tun können, um den negativen Entwicklungen vorzubeugen. Rufen Sie sich in Erinnerung, dass Sie ebenfalls ein Teil dieser Welt sind. Sie können und sollen über die Entwicklungen um Sie herum mitbestimmen. Dass Sie kein einflussreicher Politiker sind, sollte Sie nicht daran hindern. Selbstverständlich möchte ich mit diesem Kapitel keine Revolution anzetteln, doch es ist durchaus erschreckend, wie nüchtern die meisten Menschen das Schicksal dieser Welt hinnehmen. Bei genauem Hinhören hört man viele Beschwerden. Es sind jedoch nur sehr Wenige, die tatsächlich bereit sind, etwas zu verändern. Uns ist in den meisten Fällen gar nicht bewusst, wie viel Einfluss wir wirklich haben. Allein unser Konsumverhalten hat das Potenzial, die Weltwirtschaft ordentlich aufzurütteln und zu verändern. Je mehr Sie sich darüber informieren, desto mehr Erstaunen über Ihre Möglichkeiten werden Sie empfinden. Ebenso liegt es in unserer Verantwortung, zum Umweltschutz beizutragen. Vielleicht finden Sie das gerade langweilig oder wenig unterhaltsam. Fragen Sie sich jedoch gleichzeitig, warum das so ist. Ist es nicht bemerkenswert, dass eines der wichtigsten Themen überhaupt heutzutage als lästig und langweilig empfunden wird?

Wenn wir heute keine Initiative ergreifen, werden wir uns eines Tages vor unseren Kindern und Enkelkindern für das verantworten müssen, was wir ihnen vererben. Jeder meint zu wissen, dass wir auf große Herausforderungen zusteuern. Kaum jemand ist bereit, Lösungen zu entwickeln oder präventive Maßnahmen zu ergreifen.

Aber auch auf einer viel persönlicheren Ebene sollten Sie stets das Zepter Ihres Lebens in die Hand nehmen. Warten Sie niemals auf gute Gelegenheiten. Erschaffen Sie sie! Das Leben ist, wie bereits gesagt, einfach zu kurz zum Warten. Der nächste Tag ist niemals selbstverständlich, also sollten wir auch aufhören, ihn so zu wahrzunehmen. Sie möchten gerne den Menschen kennenlernen, mit dem Sie den Rest

Ihres Lebens verbringen können? Suchen Sie ihn! Warten Sie nicht darauf, gefunden zu werden. Sie möchten sich irgendwann einmal weiterbilden, um vielleicht einen anderen Berufsweg einzuschlagen? Fangen Sie heute noch damit an. Wenn Sie es sich bereits heute wünschen, welchen logischen Grund gibt es dann zum Warten? Und bevor Sie sagen, dass es Schwierigkeiten gibt, die eine Veränderung unmöglich machen: Alles ist möglich! Ja, es ist nicht immer einfach. Manchmal können wir die Lösung nicht sehen. Das heißt jedoch nicht, dass sie nicht da ist. Geben Sie nicht auf. Suchen Sie weiter. Probieren Sie Neues aus. Ergreifen Sie die Initiative.

Es gibt so viele Menschen auf der Welt, die ihren Traum leben. Warum sollten Sie das nicht auch tun? Was hält Sie davon ab? Was macht diese Menschen besser als Sie? Gar nichts! Vielleicht hat der Eine oder Andere etwas mehr Glück mit der Wiege, in die er hineingeboren wurde. Am Ende des Tages ist es jedoch wichtig zu erkennen, dass Sie in genau der richtigen Haut stecken. In Ihrer! Es hat einen Sinn, dass die Dinge sind, wie sie sind. Dass sie ihn aktuell noch nicht verstehen, heißt nicht, dass er nicht vorhanden ist. Nur durch Ausprobieren werden Sie entdecken, was das Leben für Sie bereithält.

Stellen Sie sich eine entscheidende Frage: Wenn nicht Sie, wer dann? Wenn nicht Sie Ihr Leben in die Hand nehmen und so formen, wie Sie es gerne hätten, wer dann? Wenn nicht Sie die Erfolge erarbeiten, von denen Sie träumen, wer dann? Wenn nicht Sie die Lebensqualität in Ihr Leben bringen, nach der Sie sich sehnen, wer dann? Es gibt niemanden, der das für Sie übernehmen wird. Warten Sie nicht darauf. Es sieht sicherlich so aus, als gäbe es manche glückliche Menschen auf der Welt, für die optimal gesorgt wird. Nehmen Sie sich das nicht als Vorbild. Kein Mensch ist glücklich, wenn er nicht wirklich eigenständig ist. Wer keine Verantwortung für sein Leben übernimmt, wird niemals wahres Glück erfahren. Es wäre sonst ein Paradoxon. Lebensqualität resultiert aus dem Gefühl, sein Leben im Griff zu haben. Wer nicht selbst agiert, wird regiert. Wer nicht selbst lebt, dessen Leben wird gelebt.

Wenn Sie mutig sind und nach Veränderungen streben, kann Einiges schiefgehen. Das ist schon richtig. Wenn Sie jedoch nicht mutig sind und keine Initiative ergreifen, wird es immer diese ungestillte Sehnsucht in Ihnen geben. In Ihnen schlummert unglaublich großes Potenzial. Vielleicht haben Sie es noch nicht entdeckt. Vielleicht sind Sie ja der Mensch, der Lösungen zu den größten Problemen unserer Welt entwickeln wird. Vielleicht sind Sie in einer gewissen Sportart so talentiert, dass Sie sie revolutionieren könnten. Vielleicht sind Sie an einem bestimmten Instrument so geschickt, dass Sie die Welt damit verzücken könnten. Wir werden es nie wissen, wenn Sie warten. Also nur zu, finden Sie heraus, was in Ihnen steckt.

25: Ihre göttliche Fähigkeit

Ja, Sie haben richtig gelesen. Sie haben eine göttliche Fähigkeit. Ich habe sie auch und jeder andere Mensch ebenso. Um zu verstehen, was diese Fähigkeit beinhaltet und warum sie göttlich ist, muss ich ein klein wenig ausholen. Religiöse Menschen sagen, wir seien nach dem Abbild Gottes erschaffen worden. Wenn das so ist, ist das Schöpfen eine göttliche Fähigkeit. Glücklicherweise wurden wir im Zuge dessen mit derselben Fähigkeit ausgestattet: Wir sind in der Lage zu schöpfen.

Schauen Sie sich einmal in Ruhe um. Egal, wo Sie sich gerade befinden, lassen Sie einfach mal den Blick schweifen. Alles, was Sie sehen, wurde von Menschenhand erschaffen. Die Möbel, das Geschirr, die Textilien, die Maschinen. Einfach alles. Das ist so alltäglich für uns, dass wir manchmal vergessen, wie besonders das in Wirklichkeit ist. Wir leben in einer so modernen und hochentwickelten Welt, dass es für uns zum Standard gehört, in perfekt geraden Häusern zu wohnen, in denen jede Holzdiele und jeder Türrahmen auf den Millimeter genau zurechtgeschnitten sind. Wir spielen Instrumente, die von Menschen perfektioniert wurden und arbeiten mit Werkzeugen, die in höchster Präzision gefertigt wurden. Nur, um dann damit wiederum präzise zu arbeiten und etwas Neues zu schöpfen. Ist das nicht unglaublich?

Wir schöpfen neues Leben, indem wir uns fortpflanzen. Wir geben das Beste von uns weiter und legen die Zukunft in die

Hände der nächsten Generationen. Angesichts all dessen sollte Ihnen klar werden, dass unserer Kreativität und Schöpfungskraft keine Grenzen gesetzt sind. Sobald Sie das begreifen und verinnerlichen, sprengen Sie Ihre inneren Ketten und fangen an, sich das Leben aufzubauen, von dem Sie schon immer geträumt haben!

Schauen Sie sich auf der Welt um und fragen Sie sich dann, warum Sie sich Grenzen setzen. Jeden Tag beweisen Menschen, dass alles möglich ist. Werfen Sie einen Blick auf den technologischen Fortschritt der letzten 100 Jahre und wie er sich exponentiell weiterentwickelt. Wir lüften immer mehr Geheimnisse dieser Welt und erschließen immer mehr Möglichkeiten. Wir lösen die Grenzen dessen auf, was man vor einigen Jahren noch für unmöglich hielt. Unmöglich ist etwas immer nur, bis jemand kommt, um es einfach zu machen. Warum sollten Sie nicht der Mensch sein, der das nächste große Geheimnis lüftet oder etwas aus seiner Kreativität heraus erschafft, das die Welt bewegt?

All die großen Denker und Erfinder der Vergangenheit waren überzeugt davon, dass es keine Grenzen gibt. Es gibt immer nur Unentdecktes. Es gibt immer nur das, was noch nicht erschaffen wurde. Fangen Sie an, Ihre göttliche Fähigkeit zu nutzen und erschaffen Sie, was auch immer Ihnen vorschwebt. Das mag im ersten Moment vielleicht zu schön klingen, um wahr zu sein, aber ich muss mich an dieser Stelle wiederholen: Werfen Sie einen Blick auf die Welt. Sehen Sie sich an, was alles möglich ist. Entdecken Sie, was Menschen jeden Tag aufs Neue möglich machen.

Glauben Sie angesichts dessen immer noch, dass Sie nicht Ihr Wunschleben aufbauen können?

Wir haben gelernt, in zu engen Mustern zu denken. Wir bedienen uns nicht einfach an den Ressourcen der Welt. Wir gehen arbeiten, um einen kleinen Lohn zu erhalten, mit dem wir gerade so überleben können. Die meisten Menschen sind damit so sehr beschäftigt, dass sie nicht einmal auf die Idee kommen, etwas Großartiges zu planen. Durchbrechen Sie diesen Kreislauf! Fangen Sie mit etwas Kleinem an. Erschaffen Sie etwas, das nachhaltig ist und Bestand hat. Schreiben Sie ein Buch, komponieren Sie ein Lied oder bauen Sie etwas in Ihrer Garage, worauf Sie stolz sein können. Tasten Sie sich an Ihre unerschöpflichen Fähigkeiten heran. Fordern Sie Ihre Kreativität heraus. Fangen Sie an, sich in den Bereichen fortzubilden, die Sie wirklich interessieren.

Wir leben im digitalen Informationszeitalter. Neben all seinen oft kritisierten Nachteilen bringt es auch den großen Vorteil mit sich, dass Sie sich über alles informieren können. Sie erhalten über das Internet nahezu alle möglichen Informationen kostenlos. Sie können verschiedene Themenbereiche zusammengefasst in Fachbüchern finden oder Kurse besuchen. Sagen Sie sich nicht, dass Sie keine Zeit oder kein Geld dafür haben. Sie haben Zeit. Die Frage ist nur, wie Sie sie priorisieren. Und solange Sie genügend Geld haben, um sich Konsumgüter zu kaufen, die in einem Jahr irrelevant sein werden, haben Sie auch Geld für Ihre Bildung und Ihre Hobbies.

Betrachten Sie Ihr Leben wie eine Stadt, an der Sie jeden Tag ein kleines Stück bauen. Denken Sie nachhaltig. Fangen Sie heute an, etwas zu erschaffen, woran Sie morgen weiterarbeiten können und worauf Sie noch in Jahren stolz sein werden. Die göttliche Fähigkeit des Schöpfens wurde Ihnen nicht umsonst gegeben. Wir wissen nicht, warum genau wir sie erhalten haben. Es wäre jedoch schade, sie ungenutzt zu lassen. Nutzen Sie dieses Privileg, um endlich das Leben zu bauen, von dem Sie immer geträumt haben.

26: Wie Ihre Gedanken Ihr Leben formen

Bereits im Vorwort habe ich Ihnen von Dr. Joseph Murphy erzählt. Er gilt als einer der berühmtesten Lehrer der Macht des Unterbewusstseins und beschreibt in seinen Büchern, dass unsere Gedanken wie Wünsche an das Unterbewusstsein sind. Sowohl im wissenschaftlichen als auch im esoterischen und spirituellen Bereich ist der Glaube an die Macht des Unterbewusstseins stark verbreitet. Falls Sie mit den Hintergründen noch nicht vertraut sind, fasse ich das Wesentliche kurz für Sie zusammen. Unser aktives Bewusstsein ist für die Wahrnehmung zuständig. Wir nehmen über unsere 5 Sinne die Umwelt wahr und denken aktiv darüber nach. Unser Unterbewusstsein können wir nicht wissentlich beeinflussen. Es ist wesentlich mächtiger als das Bewusstsein und übernimmt im Hintergrund wichtige Aufgaben. So denken Sie zum Beispiel niemals über das Atmen nach, nicht wahr? Es ist ebenfalls Ihr Unterbewusstsein, das Ihre Erinnerungen festhält und sie immer zum richtigen Zeitpunkt mit aktuellen Geschehnissen verknüpft, damit Sie die logischsten Schlüsse ziehen können. Dr. Murphy, so wie auch viele andere namhafte Wissenschaftler und Psychologen, gehen davon aus, dass unser Unterbewusstsein einen großen Einfluss auf uns und unser Leben hat. Dieser Einfluss wird von verschiedenen Menschen unterschiedlich ausgelegt.

So gibt es zum Beispiel das berühmte Buch „The Secret“, dessen Theorien seit der Erstveröffentlichung im Jahr 2006 zahlreiche Anhänger finden. Es beschreibt, dass wir uns das, was wir vom Leben wollen, ganz fest und aufrichtig beim Universum wünschen müssen. Anschließend werden wir früher oder später genau das erhalten. Der Trick sei es, möglichst konkret zu sein und sich die Dinge so leb- und bildhaft vorzustellen, als seien sie bereits da. Darüber hinaus gibt es viele Coaches und Mentaltrainer, die dasselbe Vorgehen empfehlen. Man soll Vertrauen in das Unterbewusstsein haben und jeden Zweifel eliminieren. Dafür wird man dann mit all den Reichtümern belohnt, die man sich wünscht. Religiöse Menschen glauben, das Unterbewusstsein sei das Göttliche in uns. Sie sind der Meinung, man müsse Gott vertrauen, um belohnt zu werden. Es stellt sich die Frage: Was verbirgt sich hinter diesem Prinzip? Ist unser Unterbewusstsein wirklich so mächtig, dass es unser Leben im Alleingang beeinflussen kann? Steckt Gott dahinter?

Eine eindeutige Antwort darauf wird wohl niemals jemand geben können. Ich persönlich betrachte gerne die Fakten und schaue mir die Dinge von einem logischen Standpunkt aus an. Diese Sichtweise möchte ich Ihnen einfach und leicht verständlich vermitteln:

Fakt ist, dass unser Unterbewusstsein mächtig ist. Es ist zu wesentlich stärkeren Denkleistungen fähig als unser aktives Bewusstsein. Wir haben keinen direkten Einfluss darauf, können aber mithilfe von Denkmustern indirekt und langfristig auf das Unterbewusstsein einwirken. Gedanken können sich sehr tief in uns einbrennen, ohne dass wir bewusst darüber nachdenken. Wie Sie im Kapitel über Angst erfahren haben, können Fehlinformationen sich so sehr festsetzen, dass wir sie als Ängste wahrnehmen. Sie schränken unsere Lebensqualität maßgeblich ein und es ist schwierig, ihnen wieder entgegenzuwirken. Dieses Prinzip kann auch umgekehrt genutzt werden. Wir können beispielsweise eine so starke innere Motivation aufbauen, dass unser Unterbewusstsein eine enorme Willenskraft entfesselt. Das ist der Grund, warum besonders erfolgreiche Menschen so unnachgiebig am Erreichen ihrer Ziele arbeiten und so tatkräftig sind. Doch wie funktioniert das? Wie können wir unsere Wünsche an das Unterbewusstsein übermitteln und wird uns dann wirklich etwas geschenkt?

Meine persönliche, undogmatische, unreligiöse und nicht spirituelle Theorie ist die folgende: Das, worauf wir uns am meisten konzentrieren, beherrscht unsere Gedankenwelt. Wenn wir verkrampft an unsere Sorgen, Ängste und Probleme denken, wird das entsprechend an unser Unterbewusstsein weitergegeben. Wir sind fortlaufend demotiviert, schlecht gelaunt und nicht selten sogar depressiv. Sind wir jedoch sehr positiv, übermitteln wir entsprechend viel Gutes an das Unterbewusstsein. Infolge dessen sind wir motiviert, tatkräftig und zuversichtlich. Die esoterische Theorie, man müsse sich ganz fest auf seine Wünsche zu konzentrieren, um sie erfüllt zu bekommen, lässt sich auch anders erklären. Indem man seine Gedanken extrem auf eine bestimmte Sache fokussiert, verleiht man ihr eine hohe Priorität. Sobald diese Sache Ihre Gedankenwelt dominiert, nimmt Ihr Unterbewusstsein diese hohe Priorität wahr und schaltet

Ressourcen in Ihnen frei, die dem Verwirklichen dieser Vision dienen. Das ist nur logisch. Unser Unterbewusstsein ist unpersönlich. Erhält es negative Anregungen, verwirklichen sich negative Ergebnisse in Ihrem Leben. Erhält es positive Anregungen, geschieht entsprechend viel Positives.

Es ist egal, an welchen Ansatz Sie letztendlich glauben. Wichtig ist, dass Sie Ihre Gedanken positiv ausrichten. Denn ob es nun Wissenschaft, Religion oder Esoterik ist, die hinter dem Gesetz der Anziehung steckt, macht beim Ergebnis kaum einen Unterschied. Ihr Leben ist das Ergebnis Ihrer Gedanken.

Darüber hinaus gibt es noch das Prinzip der „selektiven Wahrnehmung“. Wenn Sie sich einen Arm brechen, sehen Sie plötzlich überdurchschnittlich viele Menschen, die ebenfalls einen Gips am Arm tragen. Schwangere Frauen sehen plötzlich überall Kinder und andere Paare, die ein Kind erwarten. Wir nehmen ganz automatisch das verstärkt wahr, was in unserem Bewusstsein aktuell besonders präsent ist. Im Umkehrschluss bedeutet das: Wenn Sie gerade eine schwierige Phase durchmachen und zulassen, dass sich zu viele negative Gedanken in Ihre Denkmuster einschleichen, nehmen Sie fast ausschließlich Probleme und Elend auf der Welt wahr. Genießen Sie jedoch eine gute und erfolgreiche Phase, betrachten Sie die Welt wie durch eine rosarote Brille. Was wir also am Ende dieses Kapitels festhalten können, ist, dass Dr. Joseph Murphy Recht hatte als er sagte, dass unsere Gedanken Wünsche sind. Wählen Sie weise, was Sie sich wünschen.

27: Legen Sie einen großen Werkzeugkasten an

Vielleicht erinnern Sie sich daran, wie wir früh im Buch den menschlichen Körper als das wichtigste Werkzeug im Leben und Alltag thematisiert haben. Diese Sichtweise ist eine sehr sinnvolle Metapher, die uns dabei hilft, mehr Wertschätzung für unsere Gesundheit zu entwickeln. Außerdem fördert sie unseren Wunsch nach Vitalität und einem ausgeglichenen Lebensstil. Wenn eine Metapher gut funktioniert, wieso sollte man sie dann nicht auf weitere Bereiche seines Lebens ausweiten?

Man spricht umgangssprachlich oft davon, sich das Leben „aufzubauen", von dem man träumt. Ich teile diese Sichtweise. Es gibt zahlreiche Lebensbereiche, die man aufbauen, ausbauen, bearbeiten, auslöschen oder verändern kann. Denken Sie zum Beispiel an ein Unternehmen. Sie gründen es aus dem Nichts heraus und haben die Chance, ein ganzes Imperium daraus zu machen. Genauso können Sie im Fitnessstudio mit einer drahtigen Statur das Training beginnen und Ihre Muskulatur Stück für Stück aufbauen. In diesem Fall bauen Sie nicht nur Ihren Körper auf, sondern auch einen gesünderen und vitaleren Lebensstil. Umgekehrt funktioniert das Ganze natürlich auch, wie zum Beispiel, wenn Sie Gewicht abnehmen möchten. Auch das ist ein Prozess, der Arbeit erfordert.

Wenn wir das Ganze schon als Arbeitsprojekt betrachten wollen, dann gibt es etwas, das dringend notwendig ist, um diese Veränderungen durchzuführen: Hilfsmittel, also Werkzeuge. Doch was sind diese Werkzeuge? Verabschieden Sie sich von dem Gedanken an Hammer, Schraubenzieher und Säge. In unserem speziellen Fall sind die Werkzeuge alle benötigten Charaktereigenschaften und Fähigkeiten, über die Sie verfügen müssen, um Ihre Ziele zu erreichen.

In unseren vorhin genannten Beispielen benötigen Sie unter anderem Disziplin, Willensstärke und Durchhaltevermögen. Egal, ob Business, Fitness oder Gewichtsabnahme: Sie müssen hart an sich arbeiten und Geduld mitbringen, um echte Resultate zu erzielen. Die meisten Menschen machen den Fehler, zu schnelle Ergebnisse zu wollen. Sind diese nach wenigen Tagen dann noch nicht eingetreten, geben sie auf und reden sich ein, es sei unmöglich, die gewünschten Ziele zu erreichen. In diesem Fall ist das einzig vorhandene Werkzeug Motivation. Das alleine reicht nicht, um eine nachhaltige Veränderung zu schaffen.

Betrachten Sie das Ganze logisch: Über je mehr Werkzeuge Sie verfügen, desto mehr Projekte können Sie angehen. Je besser Sie mit diesen Werkzeugen umgehen können, desto feinere und effektivere Arbeiten können Sie durchführen. Im Leben verhält es sich tatsächlich genauso. Je weiter Sie in der Persönlichkeitsentwicklung voranschreiten, desto besser verstehen Sie das Leben. Sie entwickeln mehr der tiefen Charaktereigenschaften und sind somit auf alle möglichen Situationen besser vorbereitet. Sie verstehen sich besser mit Ihren Mitmenschen, sind zufriedener und ausgeglichener. Sie meistern die üblichen Herausforderungen des Alltags leichter und verspüren einen starken Anstieg Ihrer Lebensqualität.

Wir leben in einer Zeit, in der es einfach ist, sich keine neuen Werkzeuge anzueignen. Wir können einfach den Fernseher einschalten, uns vor den Computer setzen oder ein Smartphone zur Hand nehmen und schon werden wir stundenlang mit seichter Unterhaltung berieselt, ohne dabei irgendetwas zu lernen. Investieren Sie Ihre Zeit stattdessen in den Auf- und Ausbau ihrer Fähigkeiten. Füllen Sie Ihren Werkzeugkasten!

Zu den Werkzeugen gehören alle möglichen Fähigkeiten und Eigenschaften. Es ist zum Beispiel genauso nützlich, eine neue Sprache zu erlernen, ein Instrument zu spielen oder eine handwerkliche Fähigkeit zu meistern. All das eröffnet Ihnen neue Möglichkeiten im Leben. Sie könnten genauso gut lernen, professionelle Fotos zu machen, sich in der Pflanzenkunde weiterbilden oder einen Töpferkurs belegen. Jede Fähigkeit ist nützlich. Jedes Werkzeug bereichert und erleichtert Ihr Leben. Übrigens ergibt sich aus der Erweiterung Ihrer Möglichkeiten nicht selten ein profitables Geschäft! So hätte ich zum Beispiel niemals gedacht, dass ich ein bekannter Buchautor sein würde. Ich habe das Schreiben in einer Zeit für mich entdeckt, in der ich das Schreiben überhaupt nicht mochte. Es ist schon verrückt, welche Richtung man manchmal unverhofft einschlägt.

Über viele positive Eigenschaften und Fähigkeiten zu verfügen, ist deshalb so wichtig, weil die meisten Menschen sich nach mehr Lebensqualität sehnen. Der Schlüssel zu einem besseren Leben liegt aber nicht darin, Sichtweisen zu entwickeln, die das aktuelle Leben beschönigen. Nein, der eigentliche Trick ist, sich dieses bessere Leben aufzubauen, von dem man träumt. Und was würde sich besser zum Auf- und Ausbau eines gutes Lebens eignen, als Werkzeug?

Denken Sie in Ruhe über die Inhalte aus diesem Kapitel nach. Über welche Werkzeuge verfügen Sie bereits? Welche könnten nützlich sein, um Ihre aktuellen Herausforderungen zu überwinden? Sobald Sie eine Antwort darauf gefunden haben, sollten Sie sich an die Arbeit machen!

28: Wie Sie Ihre Zeit am besten nutzen

Bereits zu Beginn dieses Buches haben wir uns damit beschäftigt, wie kostbar und wichtig die Zeit ist. Sie ist unsere wertvollste Ressource. Nicht nur, weil sie begrenzt ist, sondern vor allem, weil wir nicht wissen, wie viel von ihr uns zur Verfügung steht. In manchen Menschen löst das den zwanghaften Drang aus, die Zeit so effektiv und gewinnbringend wie möglich zu nutzen. Aber was ist eigentlich wirklich gut und gewinnbringend? Sie sollten sich dringend mit dieser Frage auseinandersetzen, bevor Sie sich ins Abenteuer stürzen und sich einer Sache widmen.

Bei meinen Coachings lerne ich die unterschiedlichsten Menschen kennen. Zu meinem Klientel gehören häufig wohlhabende Menschen, die ihr Leben einer beachtlichen Karriere gewidmet haben, es zu finanziellem Reichtum gebracht haben und nun Hilfe dabei brauchen, zu leben. Sie haben Angst davor, der reichste Mensch auf dem Friedhof zu werden und empfinden es als eine Art Zwang, ihr Geld ausgeben zu müssen. Je intensiver sie das machen, desto bewusster wird ihnen, dass sich dadurch kein echtes Glücksgefühl einstellt. Sie werden unglücklich und fangen an, ihr gesamtes Leben zu hinterfragen. Auch in meinem privaten Netzwerk aus Freunden und Unternehmern habe ich dieses Phänomen schon sehr häufig beobachten können. Doch wie kann das passieren?

Wir lernen bereits in Kindestagen, dass es erstrebenswert ist, einen guten Beruf zu erlernen, Karriere zu machen, finanzielle Stabilität zu erreichen und Wohlstand zu genießen. Entsprechend ist das auch das Ziel der meisten Menschen. Was uns nicht beigebracht wird, ist, dass diese Zielsetzungen sehr oberflächlich sind und einige unserer tiefsten menschlichen Bedürfnisse nicht erfüllen können. Ich behaupte, dass übermäßiger Reichtum nur bis zu einer gewissen Grenze Spaß macht. Wer über emotionale Tiefe verfügt, wird schnell merken, dass das Leben noch wesentlich mehr als das zu bieten hat, was man kaufen kann. Man wird ebenso feststellen, dass unseren bewundernswertesten Eigenschaften nicht materieller Natur sind, sondern tief in uns drinnen im Laufe der Jahre entwickelt werden. So kommt es, dass Menschen mit fortschreitendem Alter merken, dass sie viel vom Leben verpasst haben, während sie damit beschäftigt waren, möglichst viel Geld zu verdienen.

Damit Ihnen das nicht auch passiert, sollten Sie sich deshalb die entscheidende Frage stellen: „Was möchte ich eigentlich vom Leben?“

Die Antwort darauf kann alles Mögliche sein. Wenn Sie feststellen, dass Ihr Lebenstraum ist, auf professioneller Ebene Videospiele zu spielen, dann ist das so. Sollten Sie merken, dass Sie lieber um die Welt reisen würden, anstatt sich irgendwo mit einem stattlichen Haus sesshaft zu machen, dann ist das ebenfalls völlig legitim. Vielleicht gibt es ein Hobby, von dem Sie einfach nicht genug bekommen. Es ist genauso gut möglich, dass Sie durch und durch ein Familienmensch sind und es zu Ihrer Lebensaufgabe machen, eine große und glückliche Familie zu gründen. Der Kern der Sache ist: Wenn es Sie glücklich macht, ist es super!

Ihre Zeit ist immer dann am besten investiert, wenn Sie sie den Dingen widmen, die Ihnen am Herzen liegen. Natürlich brauchen wir alle eine finanzielle Grundversorgung und müssen deshalb für unseren Lebensunterhalt arbeiten. Wir sollten diese Arbeit für Geld jedoch nicht zum Mittelpunkt unseres Lebens machen. Der Tod hat keine Taschen. Wir können von dem hart verdienten Geld nichts mitnehmen und wir können damit nicht annähernd so viel Spaß haben wie mit den Dingen, die uns wirklich wichtig sind. Also finden Sie heraus, was Sie am liebsten machen. Falls Ihnen dabei spontan nichts in den Sinn kommt, dann seien Sie aufgeschlossen und probieren Sie Verschiedenes aus. Es kann eine Sportart sein, eine handwerkliche Tätigkeit, das Spielen eines Instruments, die Widmung einer politischen Botschaft an die Welt oder noch Vieles mehr. Wenn es Ihnen wichtig genug ist, dann ist es Ihre Zeit wert.

Im Grunde genommen sollten Sie Ihre Zeit immer so einteilen, dass möglichst viel für das verwendet wird, was Sie wirklich gerne tun. Für einen sehr effizienten Menschen könnte das bedeuten, täglich sein Hobby zu pflegen, sich sportlich zu betätigen, gute Bücher zu lesen und gewissenhaft seiner Arbeit nachzugehen. All das ist sinnvoll. Es sichert das Überleben in der modernen Gesellschaft und stellt einen persönlichen Ausgleich voller Freude und Lebensqualität dar. Sie wissen nicht, warum Sie auf dieser

Welt sind. Sie wissen nur, dass das Leben ein Geschenk ist. Die Zeit, die Sie jeden Tag aufs Neue bekommen, ist ein Geschenk. Warum nutzen Sie diesen wertvollen Geschenke nicht? Am Ende Ihres Lebens wollen Sie nicht zurückblicken und sich fragen, wie denn plötzlich alles zu Ende sein kann. Sie wollen glücklich zurückblicken und bereit für das sein, was nach dem Ende kommen könnte. Das Leben ist zum Genießen da, also genießen Sie es. Viel Freude dabei!

29: Ein erstrebenswertes Lebensziel

Die Frage nach dem Sinn des Lebens gehört vermutlich zu den ältesten überhaupt und es ist schwierig, wenn nicht sogar unmöglich, eine Antwort darauf zu finden, die gleichermaßen zu allen Menschen passt. Wir können Überzeugungen und einen tiefen Glauben haben, die uns das gute Gefühl geben, dass unser Leben einen Sinn hat. So finden viele Menschen Zuspruch in der Religion, während andere in der Spiritualität und Esoterik aufgehen. Dann gibt es noch jene, die das Leben völlig pragmatisch betrachten und glauben, dass nichts Größeres dahintersteht. Am Ende des Tages muss jeder Mensch für sich entscheiden, woran er glauben möchte und was für ihn der Sinn des Lebens ist. Die Differenzen, die beim Hinterfragen unserer Existenz auftreten, sollten kein Grund für Konflikte und Streitereien sein. Es ist fraglich, ob es die eine Antwort auf alles gibt und solange wir sie nicht eindeutig kennen, sollten wir wegen ihr keine Kriege führen.

Doch warum sage ich Ihnen das alles? Was hat das mit diesem Buch zu tun? Ganz einfach: Wir können guten Gewissens festhalten, dass es keinen allgemein definierbaren Sinn des Lebens gibt, der alle Menschen zufrieden stellen wird. Dass wir nicht genau wissen, warum wir hier sind, heißt jedoch nicht, dass wir nicht das Beste aus dem Leben machen können!

Dieses Kapitel ist mir eine Herzensangelegenheit, da ich stets darum bemüht bin, meine Reichweite für positive Impulse zu nutzen. Wir Menschen sind im Alltag so sehr mit uns selbst beschäftigt, dass wir die Welt um uns herum schlicht und einfach aus den Augen verlieren. Wir vergessen zum Beispiel, wie wunderbar die Natur ist und oft fällt es uns schwer, das Leben aus den Augen unserer Mitmenschen zu betrachten, weil unsere eigene Perspektive gerade so viel Aufmerksamkeit in Anspruch nimmt. So passiert es, dass wir das große Ganze nicht mehr betrachten und die Welt Stück für Stück aus den Fugen gerät.

Zum Zeitpunkt der Veröffentlichung dieses Buches schreiben wir das Jahr 2019. Die Welt steht vor großen Herausforderungen. Der Planet Erde hat mit massiver Vermüllung und dem Klimawandel zu kämpfen. Wir holzen Wälder ab, nutzen die Ozeane als Mülldeponien und verschmutzen die Luft. Darüber hinaus ist die internationale politische Lage äußerst angespannt. Viele Menschen fürchten sich vor einem dritten Weltkrieg, während in vielen Teilen der Welt bereits Krieg, Gewalt und Verwüstung herrschen. Migrationsströme und die verschiedenen Meinungen dazu spalten Europa und als wäre all das noch nicht genug, steigt die internationale Verschuldung immer weiter an, sodass es zu einer katastrophalen Weltwirtschaftskrise kommen könnte. Im Klartext heißt das: Die Welt steht vor großen Herausforderungen und jeder einzelne Mensch ist gefragt, um seinen Teil zu einer Verbesserung zu leisten.

Natürlich könnte man sich nun im ersten Moment fragen, warum das alles für die Persönlichkeitsentwicklung relevant sein sollte und was das mit dem Sinn des Lebens zu tun hat. Die Antwort darauf ist simpel: Der Schlüssel der Persönlichkeitsentwicklung ist, Verantwortung zu übernehmen. Verantwortung für sich und seinen Einflussbereich. Wenn jeder Mensch sich verantwortungsbewusst verhält und seinen persönlichen Einflussbereich vergrößert, kann die Welt nur davon profitieren.

Wir wissen nicht, warum wir auf dieser Erde sind, aber wenn wir schon einmal hier sind, sollten wir friedlich, glücklich und erfüllt leben. Das ist nur möglich, wenn wir im Einklang mit der Natur und unseren Mitmenschen sind. Warten Sie nicht darauf, dass die Regierung und die „Eliten" etwas unternehmen. Diese Passivität hat die Welt an den Punkt geführt, an dem sie heute ist. Wenn wir ein besseres Morgen wollen, für uns und unsere Kinder, müssen wir heute anfangen, positiv und verantwortungsbewusst zu handeln.

Richten Sie Ihr Leben darauf aus, so viel Gutes wie möglich zu bewirken und Sie werden die höchstmögliche Lebensqualität erfahren. Seien Sie gut zu anderen Menschen und pflegen Sie stets einen freundlichen und produktiven Austausch. Seien Sie umweltbewusst und informieren Sie sich darüber, was Sie tun können, um einen sauberen Fußabdruck auf dieser Erde zu hinterlassen. Denken Sie nachhaltig und geben Sie Ihr gewinnbringendes Wissen stets an andere weiter.

Betrachten Sie die Welt, in der wir leben, wie ein Projekt. Geben Sie sich Mühe, so viele Verbesserungen wie nur möglich einzubringen. Es wird immer wieder Menschen geben, die nicht mitmachen. Es wird immer wieder jene geben, die Ihren Fortschritt zunichtemachen wollen und das Prinzip hinter diesen guten Absichten nicht verstehen. Lassen Sie sich davon nicht vom Kurs abbringen. Tun Sie es aus Überzeugung. Tun Sie es, weil Sie es für richtig halten. Tun Sie es für Ihre Kinder, Enkelkinder und alle weiteren Generationen. Jeder einzelne Mensch hat mehr Einfluss, als Sie aktuell ahnen würden.

Viel Geld zu verdienen, ist kein erstrebenswertes Lebensziel. Es wird Ihnen nichts bringen, der reichste Mensch auf dem Friedhof zu sein. Die Welt zu einem besseren Ort zu machen, ist jedoch höchst erstrebenswert. Es ist ein gutes Gefühl, eines Tages stolz auf den Fußabdruck zurückzublicken, den man auf dieser Welt hinterlässt. Eine bessere Welt zu Ihrem Lebensziel zu machen, ist der ultimative Ausdruck von Charakterstärke, Weitsicht und Verantwortungsbewusstsein. Wenn Sie Verantwortung für die ganze Welt tragen können, dann erst recht für sich selbst!

30: Warum es kein Universalrezept gibt

Mit Sicherheit gab es in diesem Buch viel Bekanntes, das Sie bereits in der ein oder anderen Form gehört oder gelesen haben. Es ist dennoch wichtig, sich immer wieder an die entscheidenden Prinzipien des Lebens zu erinnern und nach ihnen zu streben. Es dürfte Ihnen ebenfalls aufgefallen sein, dass die Informationen, die ich in den verschiedenen Kapiteln vermittle, oft sehr allgemein formuliert sind. Das hat den einfachen Hintergrund, dass es unmöglich ist, ein Buch zu schreiben, das perfekt zu jedem Menschen passt.

Es ist äußerst wichtig zu begreifen, dass jeder Mensch einzigartig ist. Wir leben in einer Welt, in der gerne pauschalisiert wird. Die Medien stecken uns alle in eine Schublade. Wir bekommen vorgeschrieben, welche Kleidung wir tragen sollen, welches Auto wir fahren sollen oder welche Frisur gerade angesagt ist. In den Schulen macht man den großen Fehler, allen Kindern und Jugendlichen einheitlichen Unterricht vorzutragen, der keinerlei individuelle Stärken fördert oder Schwächen ausgleicht. Die Schule ist ein großer Gleichmacher, in der die Kinder und Jugendlichen sich anpassen müssen, um zu überleben. Insgesamt werden Sie es im Alltag nur selten erleben, dass etwas auf Ihre individuellen Wünsche und Bedürfnisse angepasst wird. Das ist schade.

Wir Menschen sind unterschiedlich und das ist gut so. Wie langweilig wäre das Leben, wenn wir alle gleich wären?

Natürlich gibt es zwischen uns allen starke Gemeinsamkeiten. Der Grundaufbau der Menschen ist gleich, wir alle funktionieren mehr oder weniger auf dieselbe Art und Weise. Aber allein unser Aussehen unterscheidet uns voneinander. Wir verfügen über dieselben Grundemotionen, doch die individuelle Intensität dieser Emotionen kann dafür sorgen, dass wir Situationen und Momente jeweils komplett anders wahrnehmen. Es kann zu völlig unterschiedlichen Lebensentscheidungen oder sozialen Interaktionen führen. Die kleinsten Nuancen unserer Persönlichkeit entscheiden grundlegend darüber, wer wir sind oder nicht. Das ist wunderbar! Das ist etwas, worüber Sie sich jeden Tag aufs Neue freuen sollten.

Es ist schon erstaunlich, wie viele Menschen versuchen, „dazuzugehören“. Unsere Einzigartigkeit ist doch gerade das, was uns besonders macht. Während Gruppendynamik oft von Gemeinsamkeiten lebt, ist Individualität der Schlüssel zu einem Gefühl der Freiheit und Lebensqualität. Verstehen Sie mich an dieser Stelle bitte nicht falsch: Der Kontakt zu anderen Menschen ist gut und wichtig, wie wir in einem vorigen Kapitel bereits besprochen haben. Dieser Zusammenhalt sollte jedoch nicht auf der Grundlage beruhen, dass Menschen versuchen, gleich zu sein. Wofür bräuchte man unterschiedliche Menschen, wenn alle gleich wären? Welchen Anspruch und welche Herausforderung würde das Leben dann noch bieten?

Zelebrieren Sie, dass Sie einzigartig sind. Seien Sie einfach Sie selbst. Alle anderen gibt es schon.

Diese wunderbare Individualität bedeutet aber auch, dass Pauschalisierungen und Verallgemeinerungen schwierig sind. Genau deshalb wäre es unsinnig, ein Buch zu schreiben, das einen genauen Plan oder Weg zu mehr Lebensqualität beschreibt. Sie werden da draußen viele solcher Versuche finden. In zahlreichen Büchern, Kursen und Seminaren versucht man Ihnen zu verkaufen, man habe den perfekten Weg zum Glück für Sie. Glauben Sie nicht daran. Für Sie gibt es nur einen Weg und es ist Ihre Aufgabe, ihn zu finden. Dabei ist es hilfreich, allgemein wertvolle und nützliche Informationen mitzunehmen, wie zum Beispiel die Inhalte aus diesem Buch. Stellen Sie sich dieses Buch wie ein großes Buffet vor. Ich präsentiere Ihnen 30 Gedanken, die alle einen wertvollen Kern enthalten. Was für Sie neu ist, ist für andere ein alter Hut. Was Sie weniger interessant finden, kann für einen anderen Menschen den Startschuss zu einem besseren Leben bedeuten. Nehmen Sie sich von dem Buffet, was Ihnen besonders gut gefällt. Seien Sie aufgeschlossen und probieren Sie Neues. Vielleicht kommen Sie ja auf den Geschmack und entdecken etwas, das Ihnen wirklich weiterhilft, worauf Sie aber alleine nicht gekommen wären. Vielleicht finden Sie etwas Bewährtes, das Sie aus den Augen verloren haben und nun wieder gewinnbringend einsetzen können.

Am wichtigsten ist jedoch, dass Sie anfangen, alle Inhalte an Ihre persönliche Situation anzupassen. Sie stehen selbst in der Verantwortung, eine Veränderung zum Positiven herbeizuführen. Es liegt in Ihren Händen. Um die besten Ergebnisse zu erzielen, müssen Sie Vieles ausprobieren.

Erwarten Sie niemals, ein fertiges Universalrezept zu finden, das Sie zu mehr Erfolg, Glück, Zufriedenheit oder Lebensqualität führt. Seien Sie stattdessen auf der Suche nach hochwertigen Informationen, die Sie motivieren und inspirieren. Verlassen Sie sich nicht darauf, dass jemand anderes Ihr Leben verbessern wird. Verbessern Sie es einfach selbst. Das ist die beste, effektivste und sicherste Option, die Sie haben. Ich wünsche Ihnen viel Erfolg dabei.

Wie Sie den größten Mehrwert aus diesem Buch gewinnen

Informationen sind immer nur so wertvoll wie das, was Sie aus ihnen machen. Deshalb gilt es, dieses Buch nicht einfach zu lesen. Die 30 Anregungen, die Sie erhalten haben, werden Ihnen nicht viel nützen, wenn Sie sie nicht auf Ihre persönliche Situation anpassen. Im Folgenden werde ich Ihnen ein simples, aber effektives und vor allem bewährtes Modell vorstellen, mit dem Sie die 30 Gedanken in Kategorien einteilen können. So können Sie sich ihnen Stück für Stück annähern und eine Anregung nach der anderen beleuchten und ausprobieren.

An dieser Stelle möchte ich noch erwähnen, dass es den meisten Menschen verständlicherweise schwerfällt, sich Notizen zu einem Buch zu machen. Ich kenne das auch von mir selbst. Wenn ich früher in einem Buch die Aufforderung dazu las, mir etwas Wichtiges herauszuschreiben, habe ich dezent darüber hinweggesehen und mir gesagt, dass mein Gedächtnis gut genug ist. Rückblickend muss ich zugeben, dass mir dadurch vermutlich einige wichtige Informationen verlorengegangen sind. Heute würde ich diesen Fehler nicht erneut begehen und ich empfehle Ihnen, sich kurz die Zeit zu nehmen. Sie können dabei nur gewinnen, denn schließlich geht es um die Verbesserung Ihrer Lebensqualität. Da können ein paar Notizen nicht zu aufwendig sein, oder? Nehmen Sie sich ganz einfach einen Zettel und einen Stift zur Hand. Mehr benötigen Sie nicht. Unterteilen Sie den

Zettel in 3 gleich große Bereiche und trennen Sie diese mit senkrechten Linien voneinander. Sie haben nun Platz für 3 Kategorien, die ich Ihnen im Folgenden kurz erläutern werde.

Von den genannten 30 Gedanken werden Ihnen nicht alle revolutionär vorgekommen sein. Natürlich gehören einige davon zur Grundausrüstung eines positiven Mindsets. Das macht sie jedoch nicht weniger wichtig, denn sie erinnern uns an Werte, die im Alltag leicht verlorengehen. Sie bestätigen uns in unserem positiven Denken und lösen die Motivation aus, fortan wieder positiver zu sein. Weisen Sie diese Gedanken der Kategorie 1 zu. In dieser Kategorie befinden sich Gedanken, die Ihnen bereits bekannt sind und deren Kernaussage Sie bereits verinnerlicht haben. Wenn Sie schon von den positiven Effekten dieser Anregungen profitieren, sollten Sie sich bestärkt fühlen und sich mithilfe der ersten Kategorie immer wieder daran erinnern, was für Sie gut funktioniert, also woran Sie weiterhin festhalten können.

Darüber hinaus wird es unter den 30 Gedanken auch einige geben, über die Sie vielleicht schon einmal in der ein oder anderen Form nachgedacht haben, aber die noch keine praktische Ausführung in Ihrem Leben genießen durften. Jetzt ist der richtige Zeitpunkt, um sich mit diesen neuen Ansätzen zu beschäftigen! Dass Sie sich schon einmal mit den Grundzügen dieses Gedankenguts beschäftigt haben, ist ein sehr guter Anfang und beweist, dass Sie Interesse daran haben, etwas in diese Richtung zu verändern.

Die Informationen aus den entsprechenden Kapiteln könnten Ihnen den nötigen Anstoß dazu geben. Fügen Sie die jeweiligen Kapitel der Kategorie 2 zu und geben Sie ihnen eine hohe Priorität. Sie sind nah dran an einer Veränderung und sollten jetzt nicht lockerlassen.

Wenn ich meinen Job gut gemacht habe, wird es auch einige Gedanken oder Sichtweisen gegeben haben, die Sie in der Form noch nicht in Betracht gezogen haben. Das wäre zumindest der Idealfall. Weisen Sie diese Gedanken der Kategorie 3 zu und geben Sie ihnen die höchste Priorität. Gehen Sie zurück zu den jeweiligen Kapiteln und setzen Sie sich mit den Informationen auseinander. Was finden Sie daran erstrebenswert? Wie können Sie das Erfahrene auf Ihre aktuelle Lebenssituation anpassen? Denken Sie daran, dass das Leben außerhalb Ihrer Komfortzone beginnt. Wenn das, was Sie sich vom Leben wünschen, sich aktuell noch nicht in Ihrer Reichweite befindet, müssen Sie in Erwägung ziehen, Ihren Horizont zu erweitern und neue Wege zu gehen. Neue Sichtweisen und Herangehensweisen an eine höhere Lebensqualität sind in den meisten Fällen der erste richtige Schritt.

Am Ende suchen Sie sich aus, wie viel dieses Buch für Sie bewirken kann. Sie können es als nette Unterhaltung und Zeitvertreib betrachten, wobei Sie einige nützliche Anregungen erhalten haben. Sie können sich aber auch intensiv mit dem Gelernten auseinandersetzen und es nutzen, um grundlegende Veränderungen in Ihrem Leben durchzusetzen. Das ist wie mit einem Schweizer Taschenmesser. Sie können es in der Schublade liegen haben, um hin und wieder ein Preisetikett von einem Kleidungsstück zu entfernen. Sie können damit aber auch Unglaubliches bewerkstelligen. Die Möglichkeiten sind da. Die Frage ist nur, ob Sie sie auch nutzen werden. Ich kann Ihnen nur empfehlen, es zu tun. Welche Arbeit lohnt sich mehr als die zur Verbesserung des eigenen Lebens?

An dieser Stelle ist das Buch noch nicht zu Ende. Im Folgenden erhalten Sie noch einen kostenlosen Bonus, bevor wir das Buch schließlich mit ein paar abschließenden Worten ausklingen lassen.

Ein kostenloser Bonus für Sie

Bevor dieser Kurzratgeber endet, würde ich Ihnen gerne noch etwas schenken. Es ist ein von mir geschriebenes E-Book mit dem Titel „Die 7 Säulen des persönlichen Erfolges". Nun fragen Sie sich vielleicht, warum ich Ihnen etwas schenken sollte, doch seien Sie unbesorgt: Es gibt keinen Haken an der Sache.

Es liegt mir am Herzen, dass das, was ich verfasse, auch wirklich ankommt. Ich möchte nicht einfach meine Ratgeber gegen Ihr Geld tauschen und mich blind darauf verlassen, dass Ihnen gefällt, was Sie hören. Deshalb ist mir das Feedback der Hörerinnen und Hörer sehr wichtig, denn es ermöglicht mir, hochwertigere und hilfreichere Hörbücher zu produzieren.

In den letzten Jahren erhielt ich so viele Anfragen nach mehr Informationen und Inhalten rund um die persönliche Entwicklung, dass ich mich dazu entschied, den Blog „Dein Fußabdruck" ins Leben zu rufen. Dort veröffentliche ich wöchentlich neue Inhalte zu allen Themen rund um das Erlangen von mehr Glück, Selbstbewusstsein und Lebensqualität. Inzwischen verzeichnet der Blog zehntausende regelmäßige Besucher pro Monat.

Die Lesertreue, das Vertrauen und die Unterstützung, die ich durch die Leserinnen und Leser erfahre, sind das, was mich dazu motiviert, zu schreiben und ständig neue, bessere

Inhalte zu erstellen. Das Feedback und der Rückhalt bedeuten mir sehr viel und dafür möchte ich mich bedanken.

Jeder, der nach der Lektüre oder nach dem Hören einer meiner Ratgeber das Bedürfnis hat, mehr Informationen zu sammeln, soll sie bekommen. Sie bekommen von mir das E-Book „Die 7 Säulen des persönlichen Erfolges" geschenkt und erhalten Zugriff auf hunderte informative Blogartikel, zu denen wöchentlich ein neuer hinzukommt. Vollkommen kostenlos, unverbindlich und ohne Haken.

Damit ich all das für Sie tun kann, müssen Sie nur Eines tun: Mir Ihre E-Mail-Adresse mitteilen, damit ich Ihnen das E-Book zukommen lassen und Sie über Neuigkeiten informieren kann. Mehr nicht. Wie bereits gesagt, ist das Ganze vollkommen unverbindlich und kostenlos.

Besuchen Sie die Seite www.dein-fussabdruck.de und tragen Sie auf der Startseite Ihre E-Mail-Adresse ein. Dafür erhalten Sie:

- Das kostenlos E-Book „Die 7 Säulen des persönlichen Erfolges"
- Informationen zu all meinen Neuveröffentlichungen
- Infos zu allen Neuigkeiten auf „Dein Fußabdruck"

An der Sache gibt es keinen Haken. Versprochen. Ich möchte Ihnen lediglich eine Freude machen, Sie bei Ihrer persönlichen Entwicklung unterstützen und mich für Ihr Vertrauen bedanken.

Abschließende Worte

Das waren die 30 Gedanken, die Ihr Leben bereichern werden. Auf den ersten Blick mögen sie simpel erscheinen, doch sie alle beherbergen das Potenzial, einen nachhaltigen positiven Einfluss auf Ihr Leben zu haben. Der Schlüssel zum Erfolg liegt nicht darin, sich besonders gut zu informieren. Er liegt darin, das Gelernte an die eigene Situation anzupassen und im Alltag anzuwenden. Wenn Sie sich darauf einlassen, werden Sie damit Entwicklungen in Gang setzen, die Sie bisher nicht für möglich gehalten hätten. Seien Sie aufgeschlossen und lassen Sie sich von dem überraschen, was das Leben für Sie zu bieten hat.

Wenn Ihnen dieses Buch gefallen hat, würde ich mich sehr über Ihre Bewertung auf Amazon.de freuen. Mit Ihrem Feedback helfen Sie mir dabei, auch in Zukunft qualitative Inhalte zu erstellen. Außerdem erleichtern Sie anderen Menschen den Zugang zu Informationen, die ihr Leben verbessern könnten. Was bringt der Welt ein gutes Buch, wenn es von niemandem gelesen wird? Vergessen Sie auch nicht, auf meinem Blog www.dein-fussabdruck.de vorbeizuschauen und sich dort Ihr kostenloses E-Book abzuholen.

Eine hohe Lebensqualität ist ein erstrebenswertes Ziel für jeden einzelnen Menschen. Es ist mir eine Herzensangelegenheit, Menschen beim Erreichen dieses Ziels zu unterstützen. Je mehr Menschen glücklich sind, desto besser wird die Welt um uns herum. Nennen Sie mich einen hoffnungslosen

Weltverbesserer, doch ich bin der Meinung, dass es unsere Aufgabe ist, positive Impulse zu setzen. 30 davon haben Sie in diesem Buch kennengelernt. Geben Sie sie an alle Menschen weiter, die Sie kennen. Lassen Sie uns diese Welt gemeinsam zu einem besseren Ort machen.

Ich bedanke mich für Ihre Aufmerksamkeit und wünsche Ihnen alles Gute.

Ihr Michael Leister

Lesen Sie auch...

Endlich selbstbewusst

Das letzte Buch, das Sie zum Thema „Selbstbewusstsein“ lesen werden

Auf Amazon.de erhältlich!

Michael Leister
DAS
GEHEIMNIS
DER
ANZIEHUNG
Wie Sie Sympathien,
Einfluss und die Gunst Ihrer
Mitmenschen gewinnen
ATA MEDIEN

Michael Leister
Die Grundsätze des Glücks
50 Grundlagen für mehr Glück, Zufriedenheit, Selbstbewusstsein und Erfolg
ATA MEDIEN

Die Erfolgsgarantie

Das letzte Buch, das Du zum Thema „Erfolg“ lesen wirst

Auf Amazon.de erhältlich!

13945441R00087

Printed in Germany
by Amazon Distribution
GmbH, Leipzig